Vaincre la jalousie

© L'Harmattan, 2003
ISBN : 2-7475-5759-6
EAN 9782747557597

Béatrice Guernier
Agnès Rousseau

Vaincre la jalousie

Une publication du Groupe de recherche
en éthique appliquée (GREA)

L'Harmattan
5-7, rue de l'École-Polytechnique
75005 Paris
FRANCE

L'Harmattan Hongrie
Hargita u. 3
1026 Budapest
HONGRIE

L'Harmattan Italia
Via Bava, 37
10214 Torino
ITALIE

**Autres ouvrages du GREA
publiés dans la même collection**

Olivier de Brivezac et Emmanuel Comte, *Changer de regard.*

REMERCIEMENTS

Les auteurs tiennent à remercier toutes celles et ceux qui ont rendu cet ouvrage possible en acceptant de répondre à leurs questions, en livrant des témoignages d'expériences vécues ou en se prêtant aux exercices d'introspection et d'analyse pratique suggérés par le thème.

SOMMAIRE

AVANT-PROPOS

L ES ouvrages publiés dans la collection
« Éthique au quotidien » reprennent des conférences données dans le cadre d'un séminaire
organisé par la Fondation Ostad Elahi – Éthique et
solidarité humaine[1]. Axées sur les concepts éthiques
et leur application au quotidien, ces conférences
proposent une réflexion autour d'un thème et
abordent ses déclinaisons concrètes et pratiques. Les
ouvrages qui en découlent, écrits dans un style
accessible et vivant notamment grâce au recours à de
nombreux exemples, privilégient une approche
réaliste et pragmatique, et visent essentiellement à
encourager et à éclairer une pratique éthique inscrite
au sein de la vie quotidienne.

Chaque volume propose une réflexion autour
d'un trait de caractère éthique (ou à l'inverse anti-
éthique). Y sont abordées les manifestations de ce
trait spécifique, ses causes, ses effets, de même que
les moyens de le développer ou de le neutraliser. Il
s'agit à chaque fois de comprendre comment
certaines de nos attitudes – devenues si habituelles

---

[1] www.fondationostadelahi.fr.

qu'elles semblent faire partie intégrante de notre être – se dressent devant nous comme d'invisibles barrières qui nous empêchent de progresser dans notre humanité.

Les auteurs, à l'origine du Groupe de recherche en éthique appliquée (GREA), explorent certaines analyses développées par Ostad Elahi[2], qui intègrent la dimension spirituelle de l'être humain ainsi que la référence à une transcendance divine. Ils puisent cependant leurs références théoriques à diverses sources philosophiques, juridiques, psychologiques ou religieuses. Les illustrations concrètes qu'ils proposent sont le fruit à la fois de leur travail d'enquête et de recherche et de leur expérience personnelle.

---

[2] À la fois philosophe et musicien, Ostad Elahi fut aussi un haut magistrat dont la réflexion sur l'éthique dépasse largement le cadre de sa profession, faisant de lui un sage et un homme divin du XXe siècle. Sa philosophie du perfectionnement, originale et moderne, est une réponse aux grandes questions posées par l'origine de l'être humain, son identité profonde et sa finalité.

DÉFINITION

SI on laisse de côté la question de la jalousie amoureuse, la jalousie désigne le sentiment négatif que l'on ressent lorsque l'on voit quelqu'un bénéficier d'un avantage que l'on ne possède pas ou que l'on souhaiterait être le seul à posséder. Qu'il s'agisse d'un sentiment négatif, on le contestera difficilement : la jalousie nous rend amer le bonheur d'autrui, elle nous fait espérer secrètement son échec et nous réjouit de son malheur. Ce qu'il convient de souligner dans cette définition, c'est que la jalousie s'inscrit dans une relation triangulaire : il y a le jaloux, l'objet de son désir, et l'autre, le jalousé, celui qui possède l'objet du désir. Être jaloux, ce n'est pas seulement avoir envie de quelque chose. C'est avoir envie d'une chose que moi, je n'ai pas, alors qu'un autre l'a, ou, quand ce sentiment s'aggrave, ne pas supporter et souffrir qu'un autre ait ce que j'ai déjà.

On distingue souvent la jalousie de l'envie : l'envieux souffrirait du bonheur d'autrui et voudrait pour lui ce que les autres ont, alors que le jaloux redouterait simplement d'avoir à partager ou à perdre au profit d'un autre un avantage auquel il estime être le seul à avoir droit[1]. Cette distinction n'est cependant pas strictement respectée dans le langage courant qui tend à privilégier le terme de jalousie. Elle n'existe d'ailleurs pas dans toutes les langues. Ainsi, pour des raisons de clarté, nous n'utiliserons que le terme de jalousie, qui devra s'entendre en un sens large, recouvrant les différentes nuances d'un sentiment dont l'envie n'est que l'une des manifestations.

---

[1] Voir à ce sujet l'article, « Envie et jalousie », dans Le *Dictionnaire d'éthique et de philosophie morale*, Paris, PUF, 1996.

L'origine

COMME en témoigne l'étymologie même du mot (« zèle »), la jalousie provient d'un attachement aux choses, d'un désir de possession exclusive, d'un élan qui nous pousse vers quelque chose. Le jaloux veut pour lui ce qu'il juge bon (argent, pouvoir, richesse, beauté, connaissance, reconnaissance, honneurs, etc.), et surtout, il le veut pour LUI TOUT SEUL. Sans cela, rien ne distinguerait la jalousie de l'envie pure et simple, du désir de posséder, de la convoitise ou de l'avidité.

D'où cette explication, donnée par B. Elahi dans *Médecine de l'âme*[1] :

> « [...] la jalousie provient de l'instinct de possession, plus précisément de l'envie, enveloppé d'égoïsme. L'instinct de possession est un caractère naturel, qui, à dose normale, est bénéfique, car il nous stimule et nous rend actif. Mais si cet instinct n'est pas contrôlé, il s'exacerbe et se transforme en jalousie. »

La notion d'égoïsme indique bien que ce que veut le jaloux, c'est évacuer l'autre pour rester seul avec la chose désirée, et jouir ainsi, non pas tant de la chose elle-même, que du fait d'être le seul à

---

[1] B. Elahi, *Médecine de l'âme*, p. 43, Paris, Dervy, 2000.

pouvoir en jouir. C'est une vieille histoire qui remonte aux origines de l'humanité. Voyez Abel et Caïn : Caïn était jaloux de son frère parce que Dieu avait agréé l'offrande d'Abel et s'était détourné de la sienne. Ce sentiment l'a poussé au fratricide. Bien entendu, nous ne sommes pas tous des assassins, et cette éviction de l'autre peut prendre des formes plus ou moins violentes ou explicites. Elle constitue néanmoins un élément essentiel de la jalousie.

Le substrat de la jalousie, à savoir l'instinct de possession, n'est pas nuisible en soi. Il s'agit au contraire d'une tendance naturelle nécessaire au progrès. Dans sa forme naturelle, cet instinct prend la forme de l'émulation. Dans l'émulation, on entretient avec l'autre une relation de saine compétition qui nous pousse à donner le meilleur de nous-même : le fait qu'un autre bénéficie d'un avantage nous motive et nous dynamise. Désirer une chose n'est donc pas négatif. Ce qui l'est, c'est de souffrir du fait que les autres puissent posséder certains avantages et de vouloir les en priver. C'est ce qu'Aristote observait dans son analyse de l'envie :

> « L'émulation est une passion honnête et de gens honnêtes, tandis que l'envie est une passion vile et de gens vils ; car l'un se met, par l'émulation, en état d'obtenir ces biens, l'autre, par envie, empêche son prochain de les avoir[2]. »

Une autre source de la jalousie est l'amour-propre ou l'orgueil qui conduit chacun à vouloir être le premier dans les domaines qui lui tiennent à

---

[2] Aristote, *La Rhétorique*, livre II, chap. X et XI, trad. de C.-E. Ruelle, Paris, Le Livre de poche, 1991.

cœur[3]. Quand on voit quelqu'un réussir dans ce domaine, on souffre parce qu'à tort ou à raison, on se sent rabaissé, dépassé, donc inférieur. Ce sentiment nous porte à ruminer des pensées sombres (concernant notre propre infériorité ou l'injustice du monde), et aussi à réagir sur un mode négatif ou réactif (aigreur ou nuisance directe à l'égard d'autrui). Ainsi, on peut être jaloux de l'admiration que suscite un proche, même et surtout quand on sait que cette admiration est exagérée. Dans ce cas, la jalousie est renforcée par un sentiment d'injustice qui nous donne toutes sortes de raisons d'être jaloux, et aussi toutes sortes d'alibis pour nous empêcher de nous rendre compte que nous le sommes réellement : nous sommes convaincus que celui qui reçoit l'admiration la mérite moins que nous, mais derrière ce qui pourrait passer à nos propres yeux comme une indignation morale légitime, c'est déjà la jalousie qui parle.

Je suis une personne assez timide et réservée, qui préfère se retrouver seule plutôt qu'entourée d'un tas d'inconnus. Malgré cela, j'ai un grand besoin d'amis. Mais comme j'ai du mal à parler avec les gens que je ne connais pas, je n'arrive que très difficilement à me faire des amis. Il m'arrive fréquemment de jalouser les personnes qui se lient facilement d'amitié avec les autres. Lorsque je suis en présence de ce genre de personnes, j'ai tendance à me renfermer sur moi-même et à ne montrer aucun signe extérieur de jalousie. Mais en moi-même, je rumine un sentiment de colère : pourquoi

---

[3] Ce que nous jalousons, c'est d'ailleurs souvent la simple considération ou affection dont les autres font l'objet, comme si l'amour qu'on leur portait était autant d'affection dont nous serions privés.

cette personne a-t-elle tant de succès auprès des autres et pas moi ? Ce qui m'exaspère le plus, c'est que souvent, je ne trouve pas que ces personnes méritent l'attention dont elles font l'objet. Je jalouse leur capacité à parler en public et donc, le fait qu'elles soient entourées de plein de gens, mais pas leur personne elle-même. Il en résulte un fort sentiment d'injustice : comment une personne plutôt stupide peut-elle focaliser à ce point l'attention des autres ?

Cette sensation d'injustice est à l'origine des jalousies les plus cuisantes. Chez ceux dont l'orgueil est particulièrement développé, le succès, les biens, l'amour dont bénéficient les autres sont proprement intolérables, car ils sont intimement persuadés de les mériter davantage : pourquoi eux et pas moi ?

Dans la majorité des cas, la souffrance est donc liée au fait qu'on se sent atteint dans l'estime que l'on se porte à soi-même. On pense que parce que l'autre a quelque chose, on perd soi-même[4] *ipso facto* quelque chose, ou que si l'autre a quelque chose et pas nous, c'est parce qu'on lui est inférieur, ce qui explique le manque de confiance en soi qui accompagne la jalousie.

Ce point trouve une illustration frappante dans le témoignage suivant :

> Il y a quelque temps, j'ai ressenti une jalousie brûlante à l'égard de ma sœur aînée. Jusqu'à présent, j'avais plutôt mieux réussi qu'elle et je dois dire qu'en mon for intérieur, je me suis toujours considérée « supérieure » à elle. Mais en

---

[4] Saint Thomas d'Aquin observait ainsi à propos de l'envie qu'elle conduit « à s'attrister du bien du prochain comme s'il diminuait le nôtre et qu'il nous fit du mal » (*Somme théologique*, 2e partie, question 36).

discutant avec ma mère, cette dernière m'a fait part de son admiration pour ma sœur, en particulier pour « sa modestie et cette beauté intérieure qui émane d'elle ». Tout en l'approuvant extérieurement, cette remarque a déclenché en moi un mouvement de protestation sur le thème : « Et moi ! ? » Cette admiration que je croyais être la seule à susciter m'échappait soudain. Sachant pertinemment que je n'avais aucune des qualités qui touchaient si profondément ma mère, j'ai été pris de dégoût pour moi-même, pour tous ces avantages dont deux minutes auparavant je me faisais une fierté.

Les différents degrés

L A jalousie n'est pas un sentiment uniforme : elle comporte des nuances et des degrés dont la description nous permet de saisir ce que risque de devenir une petite pointe de jalousie si on ne fait rien pour la traiter. On distinguera trois types de gradations dans la jalousie : *a*) une gradation dans l'intensité du sentiment éprouvé ; *b*) une gradation dans son extension ; *c*) une gradation dans ses manifestations.

Gradation en intensité

Premier niveau : on désire simplement avoir ce que les autres ont et on souffre d'en être privé. C'est le stade de l'envie. Par exemple, je viens d'échouer à un examen, je souffre de voir que l'un de mes amis a réussi. Ou encore, je suis plutôt timide en société, je souffre de voir qu'untel fait l'objet de l'attention et de l'admiration des autres.

Deuxième niveau : non seulement on désire avoir ce que d'autres ont, mais on souffre qu'ils jouissent de bienfaits dont on bénéficie soi-même.

Par exemple, admettons que je réussisse cet examen ; le fait que mon ami le réussisse également ternit un peu ma joie. Ou bien, si, au cours d'une soirée, je suis l'objet de toutes les attentions, je suis agacé par cet autre qui cherche à attirer à lui les regards.

La femme d'un de mes amis m'a raconté que ses amies l'avaient laissée tomber le jour où elle a eu un mari, un bon job et un appartement. Jusque-là, ses copines s'apitoyaient sur son sort, l'aidaient même et la plaignaient (tout en la considérant « inconsciemment » comme inférieure à elles) ; mais quand elle a commencé à rivaliser avec elles, c'est-à-dire à avoir les mêmes privilèges, leur jalousie a refroidi leur relation.

Troisième niveau : on est prêt à perdre ce que l'on a ou ce que l'on pourrait avoir pour que les autres ne l'aient pas. Par exemple, je préfère me priver des connaissances de mon ami en refusant de travailler avec lui, plutôt que de partager avec lui ce que je sais. Délibérément, je renonce, par peur que lui aussi réussisse, à mettre toutes les chances de mon côté.

Je pratique un sport de combat depuis plusieurs années, et il y a quatre ans, un nouveau est arrivé et a très vite progressé. Nous étions supposés nous entraîner ensemble, mais j'ai assez vite décidé de m'entraîner seul afin d'éviter qu'il ne progresse plus vite que moi. J'ai aussi décidé de ne pas participer à certaines compétitions auxquelles il était lui-même inscrit, de peur qu'il ne l'emporte sur moi. Il est sûr que le fait de nous être entraînés chacun de notre côté nous a tous les deux handicapés, mais à l'époque, je ressentais une telle envie d'être le meilleur, que je préférais perdre au change, juste pour que lui n'arrive pas à être le meilleur.

La tradition talmudique rapporte une histoire qui illustre parfaitement cette forme de jalousie qui conduit à préférer un mal pour soi plutôt qu'un bien pour l'autre :

> Un jour, un roi prodigue passe dans une contrée très pauvre et croise deux jeunes frères, des orphelins démunis, aussi inséparables que les deux faces d'une même pièce de monnaie, et qui ont vécu jusqu'alors comme des mendiants. Le roi est de bonne humeur et veut faire un geste : il leur propose de formuler chacun un souhait, qu'il exaucera. Il commence par s'adresser au plus jeune des deux frères : « Toi, dis-moi ce que tu désires. J'exaucerai ta demande, je te le promets. Mais il faut que tu saches que pour chaque chose que je t'accorderai, j'accorderai le double à ton aîné. » Le cadet réfléchit un instant puis répond en arborant un large sourire : « Crève-moi un œil ! »

On voit ici à l'œuvre plusieurs manifestations de la jalousie, présentes à bien des niveaux de la vie sociale : l'un deux est qu'un bonheur ou un malheur, aussi grand soit-il, se trouve immédiatement amoindri dès lors que l'on prend conscience qu'il est partagé. Un second est de nous faire préférer pour nous-même un malheur à un bonheur pourvu que nous soyons assurés que ce malheur qui nous affecte fasse barrage au bonheur des autres et que ces derniers soient aussi malheureux, et idéalement plus, que nous.

Gradation en extension

Dans un premier temps, on se contente de jalouser ses proches, les gens que l'on côtoie habituellement. Puis, on commence à jalouser les amis de ses amis, les amis des amis de ses amis et ainsi de suite jusqu'à jalouser toute personne (qu'on soit ou non en relation avec elle) ayant à nos yeux quelque chose de valeur.

> Je suis d'une nature fondamentalement jalouse. Un rien me rend jaloux et le pire, c'est que j'en suis conscient. Mon désir le plus cher est d'être le plus drôle, le plus intelligent, le plus attirant, le plus aimé et le plus respecté de... de toute la planète ! La conséquence de ce but ambitieux est que je jalouse toute personne qui fait rire les autres, qui est écoutée trop attentivement à mon goût, ou devient l'objet, même temporaire, de l'admiration générale. En fait – c'est atroce à dire, mais c'est la vérité –, je suis jaloux dès que je ne suis plus le centre d'attention pendant un certain temps, et je suis jaloux de n'importe qui, du moment qu'il est mis sur le devant de la scène.

Finalement, il arrive un moment où l'on en vient à être jaloux de personnes pour lesquelles on ne devrait logiquement pas éprouver de jalousie : celles dont les intérêts se confondent avec les nôtres. Par exemple, il est dans la nature d'un père ou d'une mère de se réjouir de la réussite de ses enfants, car la réussite de ses enfants est d'une certaine manière sa propre réussite. Jalouser ses propres enfants constitue à cet égard une forme particulièrement avancée de jalousie, et plus courante qu'on ne le croit.

Je discutais avec la mère de mon mari qui, à part mon mari, a également une fille. Nous parlions de la vie à son époque, de ce que les femmes faisaient ou ne faisaient pas, de ce qui était différent, en mieux ou moins bien. Elle a commencé à me parler de sa fille, qui a fait de brillantes études et qui a un peu de mal à mener de front sa vie familiale et professionnelle. En me parlant de ces difficultés, avec un ton un peu critique (« on ne peut pas tout faire ») j'ai relevé dans ses propos une pointe d'agacement, d'énervement, voire de jalousie. J'ai changé de sujet délicatement et je suis revenue sur sa vie et son parcours et j'ai poussé un peu plus loin la discussion. Elle m'a dit que son plus grand regret c'était de n'avoir pas fait d'études, qu'elle en voulait terriblement à sa mère qui n'a pensé qu'à la marier. Ça a fait tilt : j'ai compris pourquoi elle refusait certaines invitations ou certaines fréquentations (« tu comprends, c'est tous des intellos ») : cette frustration avait créé en elle un tel complexe, qu'elle en voulait même (et d'autant plus !) à sa fille d'avoir échappé à ce qu'elle avait dû subir comme une injustice cuisante. De voir sa fille réussir avec tant de confiance en elle, et jouir « impunément » de ce qu'elle avait toujours désiré, juste parce que les temps ont changé, avait de quoi la rendre malade, elle qui avait été victime de sa condition, de sa génération.

Dans le même registre, on peut citer la jalousie que certaines personnes éprouvent à l'égard de leur conjoint.

J'ai rencontré mon mari à la fac, où il faisait les mêmes études que moi. Arrivée au niveau licence, je suis tombée enceinte et j'ai dû arrêter mes études et travailler pendant qu'il a poursuivi les siennes jusqu'à ce qu'il décroche son agrégation. Après quelques années d'enseignement, il a trouvé un boulot très intéressant et socialement valorisant dans une maison d'édition. Quant à moi, j'ai continué de travailler comme maître-auxiliaire dans différents collèges de la banlieue parisienne. En parlant à une amie de mes difficultés de couple, je me suis aperçue qu'entre mon mari et moi, il y avait toujours une jalousie latente. J'envie sa réussite professionnelle, ses relations, et lui me jalouse, en s'opposant subtilement à tout ce que je peux faire pour m'élever dans ma profession, comme s'il voulait être le seul à réussir.

On mesure ici à quel point la jalousie peut s'avérer un sentiment contre-productif, allant à l'encontre de nos intérêts objectifs et s'étendant même aux êtres qui nous sont chers et pour qui nous ressentons par ailleurs de l'admiration et/ou de l'amour.

Gradation dans les manifestations

Premier niveau : on est jaloux, mais on n'extériorise pas son sentiment, on fait même tout pour le dissimuler aux autres. Par exemple, si j'apprends que mon ami a réussi cet examen auquel je viens moi-même d'échouer pour la quatrième fois, je m'efforce de sourire, de me réjouir extérieurement, je vais jusqu'à le féliciter chaleureusement... même si intérieurement je souffre de sa réussite !
Deuxième niveau : on extériorise la jalousie, mais pas trop. On ne prend pas soi-même les

devants, mais on ne se prive pas du plaisir de participer à de petites attaques visant à porter tort à celui que l'on jalouse. Par exemple, si quelqu'un me dit du mal de ce camarade qui a été reçu à un examen, je laisse dire, non sans satisfaction.

Troisième niveau : on est jaloux et on extériorise ce sentiment en prenant soi-même l'initiative des attaques. Par exemple, je fais circuler une rumeur selon laquelle celui qui a réussi a triché ou je mets à jours certains de ses défauts : il a réussi mais il est très méprisant avec les autres... Cette fois-ci, le jaloux lui-même est à l'origine de propos négatifs ou d'actions malveillantes à l'égard de la personne jalousée.

Le champ d'application

« Les travaux ou les biens dans lesquels on recherche la renommée ou les honneurs et pour lesquels on a soif de gloire, les événements heureux qui nous arrivent, presque tout cela laisse une place à l'envie et, principalement, ce qui est objet de convoitise, ou ce que nous croyons nous être dû, ou encore les choses dont la possession contribue quelque peu à augmenter notre supériorité, ou à diminuer notre infériorité » (Aristote).

Qui jalouse-t-on ?

Pour jalouser quelqu'un, il est nécessaire :
– de pouvoir s'identifier à l'autre[1] ;
– de s'imaginer être en droit de posséder ce que l'autre a. La jalousie s'accompagne de la crainte de ne pas obtenir ce que l'on considère devoir nous revenir.

On jalouse donc en priorité les personnes qui se situent sur le même plan que nous, celles

---

[1] La psychanalyse parle d'identification mentale. L'autre que je jalouse aurait pu être moi, il prend ma place. Voir à ce sujet, D. Lachaud, *Jalousie*, Paris, Hachette Littérature, 2000.

auxquelles on peut facilement se comparer, avec qui il est possible d'être ou d'entrer en compétition et qui peuvent ainsi être nos rivales.

On retrouve cette idée très largement exprimée dans les analyses philosophiques de la jalousie. Aristote soulignait par exemple que la jalousie prend pour objet nos égaux et nos pairs, ceux « qui sont pareils à nous selon la naissance, la parenté, l'âge, les dispositions, la réputation, les biens possédés », ainsi que ceux qui nous sont proches dans le temps et l'espace : « Nous ne rivalisons jamais avec ceux qui vivaient il y a dix mille ans ou qui vivront dans dix mille ans, ou qui sont morts, non plus qu'avec ceux qui habitent aux confins des colonnes d'Hercule. » De même, Spinoza remarquait qu'un homme ne peut envier que « son égal, qui est supposé de même nature que lui[2] ». Et cela peut commencer très tôt... comme en témoigne cette enseignante :

> À un retour de récréation, j'apprends qu'un de mes élèves de CE2, Virgile, a baissé le pantalon de son ami Nathan, lui aussi dans ma classe. Lorsque je l'ai su, Virgile a d'abord nié les faits puis les a reconnus car plusieurs élèves de la classe l'avaient vu faire. « Je n'ai pas fait exprès, a-t-il dit, j'étais juste en colère contre Nathan. » Comme j'effectue un travail de sensibilisation à la réflexion éthique avec mes élèves, j'ai profité de l'occasion pour constituer un cercle de parole avec une partie d'entre eux en prenant cet acte comme cas pratique. Au bout d'un moment, les enfants du groupe, en analysant la situation et en posant des

---

[2] Spinoza, *Éthique*, livre III, Paris, Le Seuil, coll. « Points Essais », 1999.

questions à Virgile, cherchent à remonter à l'origine de cette colère. Aline, l'une des filles du groupe, raconte alors une scène à laquelle elle avait assisté avant celle du pantalon : « Alors que Nathan jouait avec Sophie, Virgile est arrivé en disant : "Oh ils sont amoureux !" » Aline ajoute : « Je me demande si Virgile ne serait pas un peu jaloux parce que c'est vrai que Sophie et Nathan s'entendent super bien... »

Virgile répond : « Ben souvent, c'est pas que j'étais jaloux mais... c'est que Nathan, il m'oubliait quand il jouait avec elle. Je disais : "Est-ce que tu veux jouer ?" et lui, il ne répondait même pas, il m'ignorait. Donc à un moment je me suis énervé... »

L'histoire des sciences est également pleine d'anecdotes où l'on voit que c'est par ses propres pairs qu'un scientifique de renom est jalousé. Ainsi, les attaques qui aboutirent à la condamnation finale de Galilée en 1633 débutèrent réellement en 1610, c'est-à-dire à la suite de la publication du *Messager des étoiles*, ouvrage qui devait assurer sa renommée et sa célébrité dans toute l'Europe et qui s'accompagna d'une transformation significative de sa vie matérielle : obtention d'une chaire à l'université de Florence sans obligation d'enseigner, revenus augmentés... À la même époque, un ami de Galilée le mettait en garde contre les conséquences prévisibles de ce succès :

« La puissance et la générosité de votre prince permettent d'espérer qu'il saura reconnaître votre dévouement et votre mérite ; mais dans les mers agitées des cours, qui peut éviter à coup sûr d'être, je ne dirai pas coulé, mais au moins durement secoué par les rafales furieuses de la jalousie[3]. »

Aussi, bien que les attaques vinrent apparemment des religieux, elles furent orchestrées par les universitaires de l'époque qui voyaient leur autorité et leur pouvoir menacés par les découvertes de Galilée[4].

La jalousie émerge donc souvent entre personnes qui se trouvent dans une situation de concurrence (même hypothétique ou imaginaire) :

> Il y avait une femme que je n'aimais pas. Tout m'agaçait chez elle : sa façon de parler, ses opinions, sa façon de s'habiller, etc. En fait, on peut dire que je la détestais. Par contre, j'aimais beaucoup son mari. Il avait d'immenses qualités qui suscitaient chez moi beaucoup d'admiration et même plus... Mais en réalité, il y avait un immense fossé entre son niveau et le mien (qualités, aptitudes, niveau intellectuel, son niveau social, etc.). Un jour, j'ai compris que j'étais tout simplement affreusement jalouse de cette femme. Je me sentais en concurrence avec elle, mais de façon complètement imaginaire.

On peut jalouser aussi bien un « ennemi » qu'une personne pour laquelle (comme il a été dit plus haut) on éprouve affection et admiration. Les

---

3 Cité dans J.-P. Maury, *Galilée, le messager des étoiles*, Paris, Gallimard, coll. « Découverte », 1986.
4 Voir à ce sujet J. Bergman, « The Galileo Myth and the Facts of History » dans la revue *Creation Research Society Quarterly*, déc. 2002. L'auteur soutient que la majorité des difficultés que Galilée a rencontrées venaient de l'opposition de la part de ses collègues scientifiques, jaloux du traitement de faveur qui lui était accordé par l'Église et le grand duc de Florence, et que l'église a été entraînée dans cette affaire surtout à la suite de pressions de la communauté académique.

témoignages et expériences montrent même que nous jalousons plus facilement nos proches que les gens que nous connaissons peu et avec lesquels nous nous sentons moins d'affinité. C'est avec nos proches en effet que nous avons le plus de chances de partager des valeurs communes, ce à quoi il faut ajouter que le simple fait d'avoir des intérêts croisés et de connaître leur vie avec son cortège de réussites, multiplie les occasions de les jalouser.

En matière de jalousie donc, le simple fait d'aimer ou d'apprécier quelqu'un ne suffit pas à se sentir hors jeu.

J'ai remarqué que je pouvais être jalouse des gens que j'aimais beaucoup et qui me ressemblaient le plus (socialement ou au niveau du caractère). J'ai une amie avec laquelle j'ai fait une partie de mes études et nous avons connu les mêmes échecs au niveau des concours. Finalement, l'idée m'est venue de faire un 3e cycle. Fière de mon idée et du soulagement de trouver une issue à mes études, j'en ai parlé à cette amie qui était aussi perdue que moi dans son cursus universitaire. L'idée l'a ravie. Quelques semaines plus tard, elle cherchait à obtenir quasiment le même 3e cycle que moi et je me suis rendue compte que cela provoquait en moi une énorme brûlure. Cela me gênait beaucoup qu'elle fasse la même chose que moi. En y réfléchissant, j'ai compris que c'était une forme de jalousie : je voulais être dans une position de monopole.

Que jalouse-t-on ?

Ce qui suscite notre jalousie, c'est avant tout le fait que l'autre possède ou pourrait posséder **ce qui a de la valeur à nos yeux ou aux yeux de la société**. Par exemple, si l'on souffre à la vue de la nouvelle voiture de son voisin, c'est bien parce que l'on accorde de la valeur au fait de posséder une belle voiture, ou aux apparences et à l'image sociale que l'on donne de soi-même. Dans *Amadeus*, le film de Milos Forman, c'est le même Salieri qui jalouse le génie musical de Mozart, et qui déclare à propos du jeune prodige : « C'était mon idole. » Et dans le cas de Galilée, n'est-ce pas parce qu'ils sont conscients de la valeur de ses avancées scientifiques, que ses détracteurs, ne pouvant l'attaquer sur le terrain scientifique, vont porter le débat sur le terrain religieux ?

Il se peut donc que l'on croit ne pas être d'une nature jalouse, tout simplement parce que les conditions d'émergence de ce sentiment ne sont pas encore réunies : on côtoie par exemple, des personnes qui, à nos yeux, n'ont rien qui mérite d'être jalousé, ou au contraire, des personnes qui jouissent de bienfaits auxquels on sait ne pas pouvoir prétendre. Mais il nous suffira d'être mis au contact d'une personne qui possède ce à quoi nous aspirons le plus au monde ou auquel nous croyons avoir droit pour que la jalousie devienne active.

Jalousie spirituelle

La jalousie concerne tous les domaines, même le domaine religieux et spirituel. Nous retrouvons là les mêmes mécanismes en marche : volonté d'accéder à quelque chose, situation de rivalité, de manque, peur de perdre ou d'être dépassé, évincé. Sauf que l'objet convoité peut être dans ce cas l'attention divine, les dons particuliers, les facilités, les pouvoirs, les honneurs ou la reconnaissance spirituels ou même la charité (à qui en fera le plus).

L'histoire religieuse regorge de ces situations où une personne se voit jalousée pour ce que les autres interprètent comme un don spécial de Dieu ou comme un signe de plus grande proximité à Dieu ou au messager divin. On peut rappeler à cet égard le cas de Joseph : en racontant à ses frères comment, en songe, il s'est vu au-dessus d'eux, il alimente sans le savoir leur jalousie née de la préférence paternelle :

« Israël aimait Joseph plus que tous ses autres enfants, car il était le fils de sa vieillesse, et il lui fit faire une tunique ornée. Ses frères virent que son père l'aimait plus que tous ses autres fils et ils le prirent en haine, devenus incapables de lui parler amicalement.

Or Joseph eut un songe et il en fit part à ses frères qui le haïrent encore plus. Il leur dit :

"Écoutez le rêve que j'ai fait : il me paraissait que nous étions liés à des gerbes dans les champs, et voici que ma gerbe se dressa et qu'elle se tint debout, et vos gerbes l'entourèrent et elles se prosternèrent devant ma gerbe."

 Ses frères lui répondirent :

"Voudrais-tu donc régner sur nous en roi ou bien dominer en maître ?"

et ils le haïrent encore plus, à cause de ses rêves et de ses propos.

Il eut encore un autre songe, qu'il raconta à ses frères. Il dit :

"J'ai encore fait un rêve : il me paraissait que le soleil, la lune et onze étoiles se prosternaient devant moi."

Il raconta cela à son père et à ses frères, mais son père le gronda et lui dit :

"En voila un rêve que tu as fait ! Allons-nous donc, moi, ta mère et tes frères, venir nous prosterner à terre devant toi ?"

Ses frères furent jaloux de lui, mais son père gardait la chose dans sa mémoire[5]. »

On le voit, il n'est pas aisé de reconnaître que nous sommes jaloux. Ce constat vaut certes pour tout point faible, mais il vaut tout particulièrement pour la jalousie. Elle fait partie de ces émotions honteuses que chacun cherche à cacher aux autres et à soi-même, car elle révèle un sentiment d'infériorité et une forme de mesquinerie que nul n'aime à reconnaître en soi. Par ailleurs, il peut arriver que l'objet de la jalousie soit diffus ou encore que l'on éprouve un sentiment de supériorité, voire de mépris pour la personne que l'on jalouse, et ces sentiments nous cachent à nous-mêmes l'origine de notre mépris qui n'est autre que la jalousie. Pour détecter en soi la jalousie, il faut donc commencer par en reconnaître les effets et symptômes.

---

[5] La Genèse, 37 5-11, *La Bible de Jérusalem*, Paris, Desclée de Brouwer, 2000.

DES EFFETS AUX SYMPTÔMES

D ANS ce qui suit, nous n'entendons pas faire une liste exhaustive des effets et symptômes, mais simplement recenser ceux que nous avons eu l'occasion de rencontrer, que ce soit en nous-mêmes, ou chez les personnes qui nous ont fait part de leurs expériences. Pour clarifier nos propos, nous avons classé les effets de la jalousie sous quatre rubriques :

❖ les effets psychologiques, c'est-à-dire les conséquences sur l'état psychique ou l'humeur de la personne jalouse ;

❖ les effets sur le comportement : en quoi certains comportements sont-ils le signe indubitable d'une jalousie ?

❖ les effets sur la pensée, qu'il s'agisse de la pensée du jaloux ou de celle des jalousés ;

❖ les effets sur l'âme et de manière plus générale sur la relation que l'on entretient avec le Divin.

Les effets psychologiques

Une de mes amies vivait à proximité d'un groupe d'amis que j'appréciais énormément. En raison de changements professionnels et familiaux, j'avais été obligée de déménager. J'avais tout fait pour éviter ce déménagement, mais cela n'avait pas été possible. À chaque fois que je rencontrais cette amie, elle me parlait de nos amis communs, de leurs rencontres, de leurs joies, d'autant de situations que j'aurais moi-même aimé vivre.

Je voyais bien qu'en me racontant tout cela, elle ne me voulait aucun mal et que rien dans son attitude et ses propos n'était destiné à me blesser. Pourtant, mon cœur se serrait et même si elle me montrait de l'affection par des confidences qui auraient dû être pour moi des témoignages de son amitié, un sentiment négatif montait en moi à chaque fois qu'elle me parlait de ces choses. Il m'a fallu un certain temps pour me rendre compte que j'étais jalouse. Au départ, j'étais persuadée que mon sentiment négatif envers elle était légitime. Notamment, je me disais que je devais me méfier d'elle qui, de toute évidence, manquait de tact et cherchait à me faire de la peine. Finalement, comme je me sentais mal, je me suis mise à dénigrer cette amie sur certains aspects de sa personnalité. En particulier, je me disais : « Elle est vraiment insensible de me parler comme cela, pourvu que je ne devienne pas comme elle, que je ne fasse pas cela, etc. »

Comme le montre ce témoignage, la jalousie du jaloux se retourne contre lui-même et lui porte tort. Le jaloux se fait d'abord du mal à lui-même, et c'est pourquoi un philosophe comme Spinoza pouvait classer un tel sentiment parmi les « passions tristes » qui ont la propriété de nous assombrir et de nous affaiblir en diminuant notre dynamisme physique et psychique.

La jalousie se manifeste couramment dans notre état psychologique général par un sentiment de tristesse, de vague à l'âme, de mélancolie face au bonheur d'autrui, en particulier de ceux qui nous sont proches.

Avec mon mari, nous avons décidé de retarder le moment d'avoir des enfants. Nous avons choisi de donner la priorité à notre vie professionnelle, et pour ma part, je n'ai jamais vraiment eu de désir d'enfant. Quand ma petite sœur (de quatre ans ma cadette) a annoncé à toute la famille qu'elle attendait un enfant, au lieu de me réjouir comme les autres, je me suis sentie légèrement déprimée, et cela a bien duré jusqu'au lendemain soir. Pendant un temps, j'en ai conclu que malgré mes déclarations contraires, je devais certainement avoir un désir d'enfant refoulé, et que je devais éprouver une forme de jalousie. Quand l'enfant est né, j'ai vu que celui-ci ne m'intéressait pas plus que les autres, et surtout, que c'était vraiment une charge très lourde pour ma sœur, dont la santé est fragile. Ce que je jalousais, c'était donc moins le fait d'avoir un enfant que le statut que confère au sein d'une famille le fait d'être enceinte. Tout le monde s'occupe de vous, vous devenez pour un temps quelqu'un d'important, etc.

Mais la plupart du temps, on ne comprend pas la raison de cette tristesse et on est soi-même étonné de cette réaction. On a envie d'être seul, de se recroqueviller sur soi-même sans songer à relier cet état à une jalousie latente. Il n'est donc pas inutile, quand on se sent déprimé sans raison, de se poser la question : pourquoi suis-je triste ? depuis quand exactement ? Si ce sentiment a débuté quand on a vu le bonheur ou la réussite d'un autre (ou qu'on y a seulement pensé), c'est le signe que nous sommes jaloux. **Ne pas se réjouir du bonheur des autres et même s'en attrister** est donc un signal fort qui devrait attirer notre attention.

De même, et c'est le pendant de ce premier effet, quand on est jaloux, on se réjouit du malheur d'autrui[1]. Ce sentiment est souvent subtil et c'est ce qui rend difficile la reconnaissance du symptôme. Il faut parfois bien s'analyser pour le voir. Il y a une gradation entre le « c'est bien fait pour lui » brut et clair et cet état presque imperceptible qui nous retient d'être en réelle sympathie avec l'autre, qui fait qu'on ne participe au chagrin de notre ami qu'en surface alors qu'au fond, il y a quelque chose en nous qui est satisfait.

Parmi mes relations professionnelles, je côtoie une personne qui dispose d'une intelligence beau-

---

[1] Ainsi, toujours dans le même registre, on est souvent agacé quand quelqu'un dit du bien d'une personne que l'on jalouse, et on éprouve un certain plaisir à ce que les autres en disent du mal. Prompt à croire aux calomnies qui circulent à son sujet, il nous faudra parfois des années pour nous défaire de cette opinion négative.

coup plus vive que la mienne, d'une grande capacité de travail et d'un véritable don pour s'exprimer à l'oral et même improviser des discours, toutes qualités que j'envie. Un jour, sa femme m'apprend qu'il a subi une opération chirurgicale d'urgence à la suite d'une crise grave. Tout en lui exprimant ma compassion, je sentais qu'au fond de moi, je n'étais pas très sincère. Je n'osais pas me l'avouer mais après un effort de sincérité sur moi-même, j'ai vu que je ressentais un certain plaisir de savoir que son mari se trouvait provisoirement diminué. J'avais beau lutter intérieurement pour chasser ce sentiment, il était bien là !

Lorsque la jalousie est aiguë, le sentiment de tristesse décrit plus haut se transforme en une douleur vive, qui débute souvent par un pincement de cœur. On comprend alors pourquoi Ostad Elahi pouvait dire de la jalousie qu'elle « est comme un acide qui attaque d'abord le cœur du jaloux lui-même[2] ». La souffrance morale que la jalousie crée en nous est comme une brûlure intérieure qui nous ronge le cœur. Cet acide peut envahir la pensée et finir par devenir une obsession. On devient ainsi maladivement curieux des gens que l'on jalouse. Curiosité presque masochiste, puisqu'elle ne fait en général qu'augmenter la souffrance : on regarde ainsi avec une attention maladive les moindres détails de la toilette d'une femme plus belle que soi, on s'intéresse de très près au niveau de revenu d'un beau-frère imbu de sa réussite. Dans le film *Amadeus*, Salieri va jusqu'à payer quelqu'un pour

---

[2] O. Elahi, *Cent maximes de guidance*, Nice, Robert Laffont, 1995.

venir lui raconter ce qui se passe chez Mozart, ce qu'il compose et comment il compose.

Mais ce trait de comportement peut prendre parfois une forme très subtile, et même paradoxale. Ainsi, lorsqu'au cours d'un dîner, on glane dans une conversation l'information qui nous rassurera intérieurement sur le compte du jalousé : « Ah, il n'a pas réussi à se remettre avec Unetelle, à trouver du travail, à publier son livre, quel dommage, c'est la vie » ; c'est un mélange d'appréhension et d'indifférence, d'intérêt et de mépris, qui nous fait tendre l'oreille. Sans oser s'avouer qu'on meurt d'envie d'en avoir le cœur net, on se laisse aller à traquer les détails les plus anecdotiques. Cette forme de curiosité qui ne s'avoue pas est une des manifestations les plus discrètes et les plus perverses de la jalousie : en fait, le jaloux alimente sa jalousie par la curiosité en cherchant à s'assurer qu'au fond, il n'a aucune raison d'être jaloux.

Là encore, il est permis de passer de l'effet au symptôme : si je me rends compte que je suis trop curieux d'en savoir plus sur les bonheurs et les malheurs des autres, trop préoccupé par une personne en particulier, il se peut que le moteur de cette quête soit la jalousie[3].

Mais ce qui aggrave et complique encore plus la situation du jaloux, c'est que la jalousie finit généralement très vite par déborder de lui pour atteindre ceux qu'il jalouse, ce dont rend compte la

---

[3] Inversement, si je suis exagérément distant et peu intéressé de ce qui arrive aux autres ou à une personne en particulier, cela peut provenir d'une attitude auto-inhibitrice que j'ai érigée pour lutter contre cette manifestation particulière de la jalousie – la curiosité – mais qui n'a pas forcément modifié en profondeur mon sentiment de jalousie.

citation complète d'Ostad Elahi : « La jalousie est comme un acide qui attaque d'abord le cœur du jaloux lui-même pour ensuite atteindre celui qu'il jalouse. »

Les effets sur le comportement

Au niveau du comportement, l'extériorisation du sentiment jaloux peut débuter par une **attitude froide et distante** envers quelqu'un.

L'année de mon bac, ma meilleure amie s'est liée d'amitié avec une fille de sa classe. Au cours de l'année, la nouvelle s'est peu à peu intégrée dans notre groupe, mais sans que je sache vraiment pourquoi, j'ai gardé mes distances avec elle. Lorsqu'elle participait à une conversation, j'arrêtais aussitôt de parler. Si elle venait s'asseoir à côté de moi, j'éprouvais aussitôt le besoin d'aller parler à quelqu'un d'autre. Je ne riais jamais de ses blagues et répondais à ses questions par des monosyllabes. Parfois, si j'apprenais qu'elle venait à l'une de nos soirées, je me rappelais soudain que je ne pouvais pas sortir, que j'avais un devoir à finir... Avec le recul, je m'aperçois que c'était une forme réelle de jalousie. De son côté, elle faisait tout pour chercher à me plaire, mais je continuais à l'ignorer subtilement et éprouvais un réel plaisir à être la seule de nos amis qu'elle n'arrivait pas à approcher. En réalité, je crois que je voulais l'empêcher de réussir une intégration « complète » dans le groupe.

Dans ce cas, comme dans ceux qui suivent, la jalousie est d'autant plus difficile à détecter qu'elle peut s'accompagner d'un sentiment de supériorité envers ceux que l'on jalouse. Ce sentiment contribue à brouiller les pistes, car comment pourrait-on jalouser quelqu'un dont on se sent supérieur ? Tout simplement parce qu'il est confusément perçu comme une menace, et risque de mettre en cause un privilège que nous avons (par exemple, avoir accès à tel ou tel cercle de gens, se voir reconnaître une certaine compétence par les autres, etc.). La jalousie est déjà présente dans ce sentiment de menace : on veut conserver l'exclusivité d'un bien, d'un statut, d'une réputation, etc.

À cette froideur peut succéder un **comportement plus manifestement hostile**. On devient hautain et méprisant, on s'efforce de mettre en valeur les faiblesses de l'autre. En public, on choisit systématiquement d'orienter la discussion sur des sujets qu'il ne connaît pas bien, on lui envoie des piques, ou encore on se plaît à rappeler ses échecs, à le rabaisser et à le diminuer aux yeux des autres. Ainsi, si quelqu'un en vient à vanter la manière remarquable dont il allie sa vie professionnelle et familiale, on cherchera à diminuer son mérite : « Oui, il a beaucoup de chance, ses parents sont toujours là pour garder les enfants. » Ou encore : « Je ne suis pas sûr qu'avec sa femme, ça marche aussi bien… tu sais, il ne faut pas trop se fier aux apparences. »

> Ma femme m'a fait remarquer que je m'acharnais de façon un peu excessive contre une personne dont je déprécie le travail. Je lui ai répondu que : « Non, je ne m'acharne pas : il n'y a

d'ailleurs pas vraiment de quoi s'exciter, parce que tout ça n'en vaut pas la peine, etc. » J'ai même essayé de tempérer mon mépris par une fausse sympathie, du genre : « Oui, c'est un type sympa au fond, même si ce qu'il fait n'est pas génial... » Malgré tout, la remarque m'a mis la puce à l'oreille. En réfléchissant, je me suis rendu compte que j'en voulais à cette personne d'avoir un lien privilégié avec quelqu'un dont j'aimerais me sentir proche... Depuis ce moment, tout ce qui arrive de bien à cette personne me fait un peu mal ou m'irrite. Il suffit même que quelqu'un dise du bien de cette personne ou de son travail, pour que l'irritation me gagne encore. Ce qui m'a conduit malgré moi à la conclusion que cette vision critique que j'ai est certainement une forme de ressentiment ou de jalousie.

Dans cet exemple, le ressentiment porte à rabaisser et déprécier tout ce que l'autre entreprend, toutes ses réussites, etc. Mais la dépréciation et la critique systématiques ne sont que des palliatifs qui ne soulagent que momentanément la souffrance, et laissent *in fine* un goût amer. La difficulté de ce cas de figure, c'est que la jalousie n'est pas immédiatement perceptible : tout nous porte à croire en effet que nous n'avons aucune raison d'être jaloux, puisque nous déprécions systématiquement la personne en question. Pourquoi serait-on jaloux d'Untel, qui n'est qu'un minable ? Ici, le symptôme masque la maladie qu'il devrait révéler[1].

---

[1] Ces exemples illustrent un mécanisme dont Spinoza avait déjà bien identifié le fonctionnement en disant que si l'on s'imagine qu'un autre possède quelque chose que nous aimons et qu'il en jouit par un lien semblable ou plus étroit que celui par lequel on l'avait en sa seule possession, notre sentiment risque de se retourner en haine ou en mépris envers la chose aimée elle-même (*Éthique*, III, 35). C'est ainsi

Parmi les manifestations dérivées de la jalousie, il y a également **la frime ou le désir de se mettre en avant** devant une personne (ce qui est d'ailleurs une autre manière de la rabaisser).

> Je me suis rendu compte que devant un ami avec lequel je ne suis pas en concurrence directe, j'ai tendance à mettre en avant certains de mes talents, qualités, travaux, réussites ou réalisations personnelles, en bref, à frimer doucement. J'ai vu qu'il m'arrivait de rappeler, parfois par des signes subtils, que je fais des choses importantes (que l'autre ne fait pas), que j'ai telle ou telle responsabilité, etc. C'est une parade assez discrète dont j'ai mis du temps à me rendre compte ; mais je vois bien que c'est quelque chose d'un peu compulsif qui vient de la jalousie.

Dans ce cas, la frime est aussi une tactique palliative : en nous poussant à nous mettre en avant, à affirmer des signes extérieurs de domination, voire à humilier l'autre, elle nous fait oublier momentanément que nous nous sentons menacé par cette personne, que nous en sommes jaloux.

La jalousie nous pousse à **rechercher les moindres défauts du jalousé et à nier ses qualités**, à interpréter négativement ce qu'il fait, et à ainsi multiplier sur lui les jugements erronés. Cette clairvoyance soudaine touchant les défauts d'autrui constitue aux yeux de Jean Toulemonde l'un des effets majeurs de la jalousie :

---

qu'on est porté à déprécier ce qu'en réalité on envie. Et Spinoza précise : « Cette haine envers la chose aimée, jointe à l'envie, s'appelle jalousie, qui n'est rien d'autre que le flottement dans l'âme né à la fois de l'amour et de la haine, accompagnés de l'idée d'un autre qu'on envie. » C'est ce mélange curieux d'amour et de haine, d'admiration et de mépris, qui rend la jalousie si difficile à cerner.

« L'attention se concentre sur les plus légères déficiences et interdit la vue ou l'aveu des qualités. Une femme jalouse ne reconnaît pas en sa rivale une beauté incontestable, mais elle découvre les premières griffures de la patte d'oie, elle signale les fautes de goût dans la toilette. Un auteur sans lecteurs nie la valeur des œuvres d'un confrère et s'attarde à d'imaginaires négligences de style, il feuillette fébrilement le Littré dans l'espoir de mettre au jour quelque impropriété de terme, il vérifie les citations, corrige les fautes de typographie[2]. »

À terme, la jalousie peut nous conduire à **nuire à ceux que l'on jalouse**. Médisances, calomnies, rétention d'informations, bâtons dans les roues en tous genres : les transgressions du droit d'autrui que nous lui devons sont nombreuses. La jalousie vitamine en nous cette instance toujours prête à nuire et à s'arroger un droit sur les autres et que B. Elahi a si justement appelé le « soi impérieux[3] ». Elle nous conduit à adopter un comportement agressif, dont le but est de détruire l'autre, qu'il s'agisse de sa personne (Mozart par Salieri), de sa place dans la société (Galilée fut ainsi condamné à vivre en résidence surveillée et il lui fut interdit de communiquer avec d'autres scientifiques), ou de sa réputation. Sur ce dernier point, l'exemple de Marie Curie, qui, après avoir reçu son deuxième prix Nobel, fut accusée par la presse d'avoir une aventure avec Langevin[4], est très significatif des conduites que peut motiver la jalousie.

---

[2] J. Toulemonde, *Les Inquiets*, Paris, Payot, coll. « Petite bibliothèque Payot », 2002, p. 261.
[3] Pour une explication plus détaillée, voir B. Elahi, *La Voie de la perfection*, chap. 5, Paris, Albin Michel, 2000.
[4] Physicien français, 1872-1946.

Tels sont les excès de la jalousie que Voltaire met en scène dans *Zadig*. Le personnage de l'envieux y présente tous les symptômes d'un sentiment dont l'empreinte affecte jusqu'à sa physionomie et qui le conduit à faire accuser Zadig d'un crime qu'il n'a pas commis. Si la description peut nous sembler caricaturale, elle n'est pas inutile, puisqu'elle grossit le trait qu'elle nous permet ainsi de voir plus distinctement.

Vis-à-vis de sa maison demeurait Arimaze, personnage dont la méchante âme était peinte sur sa grossière physionomie. Il était rongé de fiel et bouffi d'orgueil ; et, pour comble, c'était un bel esprit ennuyeux. N'ayant jamais pu réussir dans le monde, il se vengeait par en médire. Tout riche qu'il était, il avait de la peine à rassembler chez lui des flatteurs. Le bruit des chars qui entraient le soir chez Zadig l'importunait, le bruit de ses louanges l'irritait davantage. Il allait quelquefois chez Zadig, et se mettait à table sans être prié : il y corrompait toute la joie de la société, comme on dit que les harpies infectent les viandes qu'elles touchent. Il lui arriva un jour de vouloir donner une fête à une dame qui, au lieu de la recevoir, alla souper chez Zadig. Un autre jour, causant avec lui dans le palais, ils abordèrent un ministre qui pria Zadig à souper, et ne pria point Arimaze. Les plus implacables haines n'ont pas souvent des fondements plus importants. Cet homme, qu'on appelait l'envieux dans Babylone, voulut perdre Zadig parce qu'on l'appelait l'Heureux.

En termes de symptômes, on ne peut certainement pas dire que la froideur, la médisance, et, de manière générale, le fait de chercher à nuire à autrui soient nécessairement signes de jalousie. De la même façon que la fièvre n'est pas toujours le symptôme de la grippe, toutes ces transgressions du droit d'autrui peuvent être le signe d'un autre défaut caractériel, comme par exemple celui d'une ambition dévorante ou d'un esprit de vengeance développé. Cependant, quand on détecte en soi ce genre de comportements, il n'est pas inutile de s'analyser pour voir ce qu'il en est réellement.

Un moyen très efficace pour s'assurer alors qu'il s'agit bien de jalousie est d'analyser ce que l'on ressent face à la réussite ou aux ennuis de celui envers qui l'on a eu l'un de ces comportements. On peut parler ici de signe pathognomonique[5]. Dans le cas de la jalousie, ce signe est facilement décelable : « On souffre du bonheur d'autrui et on se réjouit de son malheur. »

---

[5] Le signe pathognomonique désigne dans le vocabulaire médical le symptôme spécifique à un trouble ou une maladie et qui suffit à le diagnostiquer.

Les effets sur la pensée

Comme toute émotion négative, la jalousie dégage une énergie de même nature, à laquelle les autres ne sont pas insensibles. Sans même en avoir conscience, ils captent cette énergie qui émane de nous et nous la renvoient à la manière d'un boomerang. En termes d'effets, la jalousie nous rend antipathiques et suscite à notre égard un comportement froid, parfois agressif de la part des autres. En termes de symptômes, admettons qu'une personne (X) ait une bonne relation avec quelqu'un (Y) et que cette relation se refroidisse soudainement. Spontanément, X aura tendance à dire que Y a un problème, voire même qu'il la jalouse. Mais l'hypothèse inverse est également à envisager. Il se peut que ce soit la jalousie de X que Y capte, et que sans s'en rendre compte, il prenne ses distances comme s'il cherchait à se protéger.

J'avais une amie avec laquelle je m'entendais vraiment très bien. Au début de son mariage, on a continué à se fréquenter, mais à un moment donné, son mari a été propulsé à un niveau très élevé dans sa société, avec bien sûr un salaire conséquent, et j'ai senti une rupture entre nous. J'ai eu l'impression qu'elle me snobait, que je n'étais plus assez bien pour elle, et on a peu à peu cessé de se voir. Plus tard, en en parlant avec quelqu'un, j'ai compris que son attitude venait de ma propre jalousie, qu'elle s'était éloignée de moi parce qu'elle avait senti que je la jalousais et qu'elle ne pouvait plus se permettre d'être elle-même avec moi. Ce qui a confirmé mon intuition, c'est que quand j'ai lutté contre ce sentiment en moi, j'ai pu percevoir de son côté un changement d'attitude.

L'un des effets de la jalousie, comme d'ailleurs de tous les sentiments issus du soi impérieux, est qu'elle produit autour du jaloux une sorte d'écran d'ondes négatives, comme un écran de fumée acide qui agresse ceux qui s'en approchent. Concrètement, cela se traduit pour le jaloux par le fait que les autres l'apprécient moins, et pourraient même avoir tendance à le fuir.

Les effets sur l'âme
et la relation au divin

La jalousie détériore la substance de notre âme

Le sentiment de jalousie produit comme une bouffée soudaine d'énergie négative qui porte atteinte à la santé de notre âme. Si cette énergie n'est pas combattue par une énergie positive, elle a pour effet non seulement de nous rendre de plus en plus jaloux, mais également d'accroître certains de nos autres défauts, voire même de dénaturer certaines de nos qualités. Par exemple, si on ne combat pas en soi la jalousie, il y a de fortes chances pour que la médisance ou l'ingratitude se renforcent en nous, ou simplement que l'on devienne malveillant ou agressif. Sa progression dans le soi en détériore ainsi progressivement la substance, de même que de l'acide sulfurique versé en continu sur notre corps en détruirait tous les différents tissus et organes.

Elle fait barrage à la connaissance de soi et des autres

« La jalousie voit tout, excepté ce qui est »

(Xavier Forneret).

Si chaque vertu est comme une bougie allumée dans l'être et que l'âme est envahie de lumière lorsqu'elle a acquis toutes les vertus[1], alors, comme tous les autres défauts, la jalousie est comme un point d'obscurité qui fait barrage à la lumière et, par conséquent, à la connaissance de soi et des autres. Prenant racine dans une ignorance de notre situation, de nos mérites et de nos besoins réels, elle a pour effet d'accroître cette même ignorance et d'augmenter ainsi l'obscurité de notre conscience. Elle nous conduit ainsi non seulement à voir « négativement » autrui, à méjuger par exemple de ses intentions ou de ses mérites, mais également, à nous aveugler sur nous-mêmes. Avec la jalousie, on se dupe soi-même ; l'autre nous agace, on en dit du mal à la première occasion, mais on n'a souvent pas même conscience que ce sentiment nous vient de la jalousie.

> Je travaille en collaboration avec une femme du même âge que moi, qui est arrivée deux ans avant moi dans l'entreprise et dispose de ce fait d'une plus grande autorité. Pourtant, dès mon arrivée à ce poste, du fait de mes qualifications, notre supérieur m'a confié un certain nombre de dossiers qui lui étaient jusque-là réservés, ce qu'elle a

---

[1] Voir B. Elahi, *Médecine de l'âme, op. cit.*, p. 58.

apparemment plutôt bien pris. Cela correspondait pour elle à un allégement de sa charge de travail, allégement qu'elle demandait depuis un certain temps auprès de la direction. Aujourd'hui, cela fait trois ans que nous travaillons ensemble. Ils nous arrivent d'avoir des prises de bec, mais malgré cela nous nous entendons plutôt bien, même si nos relations restent distantes. Pourtant, il y a de cela trois mois, elle a eu un comportement qui m'a vraiment agacée. Sans que je lui demande quoi que ce soit, elle est venue me donner un conseil sur un domaine de ma vie privée. Elle me disait que vu la charge de boulot qui était la nôtre en ce moment, je ferais bien de mettre un frein à ma vie sociale plutôt dense. Je ne lui ai rien dit, mais durant la semaine qui a suivi, j'ai ruminé des pensées négatives à son égard. Je me disais qu'on ne s'entendait pas, que de toute façon, c'était normal, nous avions des caractères trop différents, etc. Bref, j'ai élaboré toute une théorie sur le fait qu'il y a des gens avec lesquels on ne s'entend pas et qu'il n'y a pas à chercher plus loin. Quand un ami psychologue auprès duquel je me suis confiée m'a conseillé de voir si je ne serais pas jalouse d'elle, ça m'a étonnée et je lui ai expliqué les raisons pour lesquelles je ne pensais pas que ce soit ça. Pourtant, dès ce moment, j'ai cherché à déceler en moi des signes de jalousie. Et je dois dire que depuis, les soupçons de mon ami ont trouvé quelques confirmations.

Elle nous installe dans l'ingratitude spirituelle

Dans le registre spirituel, pour ceux qui croient en une forme de transcendance divine, se laisser aller à la jalousie, c'est s'installer dans l'ingratitude, c'est-à-dire dans la non-reconnaissance des avantages qui nous viennent du Divin. On est jaloux parce qu'on croit avoir plus de droits que le jalousé. Cela équivaut à dire à son Dieu : « Pourquoi Tu ne m'as pas donné cela, à moi ? » Sous-entendu : « Je le mérite aussi » ou plus grave : « Je suis le seul à le mériter » ou : « Je le mérite plus que l'autre. » Le fait de se croire plus méritant provoque en nous un sentiment d'injustice, qui peut se traduire par une colère contre Dieu : on ne reconnaît pas qu'Il est juste et bon et qu'Il nous donne tout ce à quoi nous avons droit et même davantage. Or une petite ingratitude latente peut, si on la laisse s'installer, mener à la révolte contre Lui. Salieri, par exemple, pense qu'il mérite plus que Mozart d'avoir l'inspiration musicale et il finit par se révolter contre Dieu, ce que le cinéaste exprime par l'acte blasphématoire et symbolique de « brûler la croix ». Sans être aussi explicites, il est certain que l'ingratitude grandissante, la bouderie avec son Dieu, le sentiment d'injustice que nourrissent les états de la jalousie sont des facteurs qui démotivent spirituellement et refroidissent la foi. On peut rappeler à cet égard l'épisode évangélique du fils prodigue[2] :

> « Un homme avait deux fils. Le plus jeune dit à son père : "Père donne moi la part de la fortune qui me

---

[2] Évangile selon saint Luc, 15, 11- 31, *Bible de Jérusalem*, Paris, Desclée de Brouwer, 2000.

revient." Et le père leur partagea son bien. Peu de jours après, le plus jeune fils, rassemblant tout son avoir, partit pour un pays lointain et y dissipa son bien en vivant dans l'inconduite.

Quand il eut tout dépensé, une famine sévère survint en ce pays et il commença à sentir la privation. Il alla se mettre au service d'un des habitants de cette contrée, qui l'envoya dans ses champs garder les cochons. Il aurait bien voulu se remplir le ventre des caroubes que mangeaient les cochons, mais personne ne lui en donnait. Rentrant alors en lui-même, il se dit : "Combien de mercenaires de mon père ont du pain en surabondance, et moi je suis ici à périr de faim ! Je veux partir, retourner vers mon père et lui dire : Père, j'ai péché contre le Ciel et envers toi ; je ne mérite plus d'être appelé ton fils, traite-moi comme l'un de tes mercenaires." Il partit donc et s'en alla vers son père.

Tandis qu'il était encore loin, son père l'aperçut et fut pris de pitié ; il courut se jeter à son cou et l'embrassa longuement. Le fils alors lui dit : "Père, j'ai péché contre le Ciel et envers toi, je ne mérite plus d'être appelé ton fils." Mais le père dit à ses serviteurs : "Vite, apportez la plus belle robe et l'en revêtez, mettez-lui un anneau au doigt et des chaussures aux pieds. Amenez le veau gras, tuez-le, mangeons et festoyons, car mon fils que voilà était mort et il est revenu à la vie ; il était perdu et il est retrouvé !" Et ils se mirent à festoyer.

Son fils aîné était aux champs. Quand, à son retour, il fut près de la maison, il entendit de la musique et des danses. Appelant un des serviteurs, il s'enquerrait de ce que cela pouvait bien être. Celui-ci lui dit : "C'est ton frère qui est arrivé et ton père a tué le veau gras, parce qu'il l'a recouvré en bonne santé.' Il se mit alors en colère et il refusait d'entrer. Son père sortit l'en prier. Mais il répondit à son père : "Voilà tant d'années que je te sers, sans jamais avoir transgressé un seul de tes ordres, et jamais tu ne m'as donné un chevreau, à moi, pour festoyer avec mes amis ; et puis ton fils que voici revient-il, après avoir dévoré ton bien avec des prostituées, tu fais tuer pour lui le veau gras."

Mais le père lui dit : "Toi mon enfant, tu es toujours avec moi, et tout ce qui est à moi est à toi. Mais il fallait bien festoyer et se réjouir, puisque ton frère que voilà était mort et il est revenu à la vie ; il était perdu et il est retrouvé." »

Beaucoup des thèmes que nous avons évoqués à propos de la jalousie se retrouvent dans cette parabole[3]. Mais pour ce qui est des effets spirituels, si l'on considère que le père est une figure divine, on voit bien comment le frère aîné, parce qu'il a un sentiment d'injustice, parce qu'il se croit plus méritant spirituellement, passe de la jalousie (envers son frère, envers cet autrui si proche) à la colère (envers son père, envers Dieu). Sa jalousie l'amène à en vouloir à son père et à oublier ou à ne pas voir tous les bienfaits que celui-ci lui a toujours prodigués (« tu es toujours avec moi, tout ce qui est à moi est à toi »). Et ce qu'il y a de remarquable, c'est qu'en refusant d'entrer, il se prive lui-même de la grâce divine, symbolisée ici par la fête. Ainsi, de manière générale, le sentiment de révolte que suscite la jalousie affaiblit la relation au Divin et empêche d'entrer en résonance avec Lui.

---

[3] On y voit ainsi comment le sentiment de jalousie se donne souvent les apparences les plus nobles et les plus légitimes, celles d'un sentiment d'injustice. Sentiment réel, mais infondé puisque le plus choyé et le moins à plaindre des deux frères, c'est le jaloux lui-même. La parabole montre également que le jaloux ne désire pas vraiment ce que l'autre a en tant que tel, mais qu'il le désire seulement parce que l'autre l'a. La preuve en est que durant toutes ses années de labeur aux champs, jamais le fils aîné n'avait formulé le désir de se voir sacrifier un chevreau pour festoyer avec ses amis. L'arrivée du fils prodigue ne révèle donc pas une frustration cachée, un désir enfoui et refoulé. Elle crée tout simplement un désir tout nouveau, qui ne porte pas tant sur ce que l'on offre à son frère (le veau gras et le banquet) que sur le traitement de faveur que ce geste représente. Il le désire *pour lui aussi*, et c'est très exactement ce qu'il dit : « Jamais tu ne m'as donné un chevreau, *à moi*, pour festoyer avec mes amis. »

Au terme de cette analyse, plusieurs conclusions s'imposent :

❖ si la jalousie nous conduit à porter tort aux autres, elle nous porte d'abord du tort à nous-mêmes. C'est ainsi que saint Cyprien[4] décrivait les affres de la jalousie : « Vous donc, qui vous abandonnez aux fureurs de l'envie... vous ne serez jamais l'ennemi de personne autant que de vous-même. Celui qui excite vos jalousies pourra toujours vous éviter ; mais vous, vous ne pouvez vous fuir vous-même. Partout, votre ennemi est avec vous : c'est là qu'il exerce sa domination ; il vous ravit votre liberté, il vous charge de chaînes comme un captif et ne vous laisse aucun repos[5] » ;

❖ pour arriver à se transformer positivement, il faut commencer à se regarder soi-même, de manière à saisir ce qu'il s'agit de transformer. Il convient donc de se regarder de manière impartiale, comme le ferait n'importe quel médecin avec le corps d'un patient. Or, s'il est parfois tentant de s'accabler verbalement de tous les défauts, il est beaucoup plus difficile de reconnaître en soi un seul de ses défauts quand on nous met le doigt dessus dans un cas particulier. Ainsi, il se peut très bien qu'on admette théoriquement être jaloux. Mais on aura beaucoup plus de mal à l'accepter si un proche nous fait remarquer que si l'on a fait la tête toute la soirée au cours de tel dîner entre amis, c'est parce

---

4 Père de l'Église latine et évêque de Carthage (200-258).
5 *De la jalousie et de l'envie,* à consulter sur le site de l'abbaye de Saint-Benoît-de-Port-Valais,
http://membres.lycos.fr/abbayestbenoit/cyprien/jalousie.htm

que l'on jalouse la personne dont on fêtait la réussite. Il ne suffit donc pas seulement de savoir abstraitement qu'on est jaloux ; il faut encore savoir de qui, de quoi, dans quelle mesure, dans quels types de circonstances on l'est.

THÉRAPEUTIQUE

Penser autrement

A U regard des effets psychologiques et spirituels qui en découlent, des difficultés relationnelles et du malaise général qu'elle engendre, il apparaît indispensable de mettre au point une tactique de lutte efficace contre la jalousie.

Ce travail fonctionnerait dans un premier temps comme une cure de désintoxication et dans un second temps, comme une hygiène de vie spirituelle. Mais il ne faut pas se leurrer : on n'éradique pas définitivement de soi un défaut de ce genre en un clin d'œil, sans effort ni persévérance. D'ailleurs, tant que demeure en nous « l'instinct de possession » – c'est-à-dire tout le temps de la vie –, le risque d'excès ou de dysfonctionnement de cet instinct existe, et la jalousie peut donc toujours potentielle-ment survenir ou resurgir. En revanche, nous pouvons mettre en œuvre des réflexes défensifs intérieurs qui nous préviennent en cas d'attaque (décharge de jalousie) et nous permettent de ne pas la laisser s'enraciner en nous.

Comme tout travail éthique, cette lutte systéma-tique commence par un travail sur la pensée, un travail fondé sur une connaissance des mécanismes de fonctionnement du défaut. Puis, il se traduit en actes, de manière à ce que ce travail sur la pensée s'accompagne d'une transformation de notre substance spirituelle. Ainsi, nous tenterons de montrer que même s'il est vrai, dans une certaine mesure, que « la jalousie est de toutes les maladies de l'esprit celle à qui le plus de choses servent d'aliment et le moins de choses de remède[1] », il existe malgré tout des approches spécifiques qui, à force de volonté, de clairvoyance et de persévérance, peuvent s'avérer efficaces pour qui a réellement pris la décision et l'engagement intérieur d'entrer dans la lutte.

La motivation

Une fois détectés les symptômes de la jalousie, il s'agit de trouver la motivation qui va nous permettre d'éradiquer ce défaut, ou du moins d'en atténuer les aspects les plus nuisibles.

Se rappeler les effets négatifs de la jalousie

> « Je n'ai jamais vu un injuste ressemblant aussi bien à un opprimé que le jaloux : il considère les faveurs dont tu jouis comme une punition pour lui » (parole d'un Bédouin, rapporté par l'imam Al Ghazali).

Le premier argument que l'on peut se donner, c'est que la jalousie ne sert à rien, elle ne profite pas au jaloux.

---

[1] Montaigne, *Essais,* 2e partie, chap. V, Paris, PUF, coll. « Quadrige », 1992, p. 865.

Lors de ma dernière année de lycée, je me suis retrouvé dans la même classe que mon meilleur ami. J'étais délégué depuis la 3e et lui, depuis la 4e. Cette année-là, nous nous sommes présentés l'un contre l'autre aux élections. À l'époque, j'étais sûr de gagner. J'étais un bon délégué, reconnu par mes camarades pour mes capacités à les défendre auprès de l'administration. Mais finalement, c'est lui qui a gagné. Au tout début, j'étais fort mécontent et je l'ai à peine félicité. Ensuite, j'ai commencé à trouver des excuses : j'ai accusé la classe d'avoir choisi le « mauvais » délégué, d'avoir préféré le délégué « cool » au délégué sérieux. Je lui en voulais énormément, car par sa faute, j'étais relégué au poste minable de suppléant. Cette jalousie a continué jusqu'au lendemain. Mais, petit à petit, je me suis aperçu que ma colère et ma jalousie ne me servaient à rien. Il fallait que je l'accepte, je n'avais pas le choix. Mais cela a été difficile parce qu'à l'époque, j'ai dû admettre que mes camarades l'avaient préféré à moi. Ce n'est jamais facile, surtout pour quelqu'un comme moi, de reconnaître que, quelquefois, son ami est meilleur.

Il faut ici se rendre à l'évidence : jalouser ce que les autres ont ne permet pas d'avoir accès aux biens que l'on envie ; Salieri tue Mozart mais ce n'est pas pour autant qu'il devient Mozart. Un excellent moyen de se motiver est donc de se rappeler que ce sentiment est au mieux vain, au pire nocif. Non seulement il teinte d'amertume mes propres réussites, mais il étouffe à sa racine toute joie, puisque lorsque je suis sous l'emprise de la jalousie, tantôt je souffre de ne pas avoir ce que l'autre a, tantôt j'enrage à l'idée qu'il ait également ce que j'ai. Même l'apaisement relatif que procure la certitude que celui que je jalouse ne réussit pas dans sa vie, ne sont que des joies mêlées de tristesse.

Le second argument est de se dire que cet état d'esprit nous arrête dans notre progression, matérielle et spirituelle. Car tant que je suis sous l'emprise de la jalousie, mon énergie est gaspillée dans des activités destructrices et stériles : former et entretenir des pensées noires ou haineuses, chercher à nuire à autrui, etc., ne peut rien m'apporter.

> Depuis un certain temps, je suis en rivalité avec l'un de mes collègues, qui a pratiquement le même âge et le même diplôme que moi. Depuis, je rumine des pensées négatives à son égard, j'interprète négativement tout ce qu'il fait ou dit, et plutôt que de m'occuper de moi-même et de ce que j'ai à faire, je suis préoccupée par sa réussite. Par exemple, alors que j'ai des piles de dossiers à régler, je perds un temps fou à l'épier pour savoir ce qu'il fait, comment il travaille. J'ai également pu constater que ma relation avec lui s'est coupée. Sans pour autant me laisser aller à la médisance, j'ai développé envers lui une certaine froideur qui a eu pour effet de le détourner de moi alors qu'auparavant nous avions une relation plutôt cordiale : nous nous parlons peu et il existe même une certaine gêne quand nous sommes face à face.

Notons ici que les effets nocifs produits par la jalousie dépendent de la nature de celle-ci. Lorsque nous jalousons matériellement quelqu'un, il n'est pas rare que nous ayons une répercussion négative sur notre vie matérielle, c'est-à-dire que nous ayons à subir une perte ou un désagrément de nature matérielle (perte de l'amitié ou de l'amour, de la joie de vivre, etc., mais aussi perte d'une situation professionnelle ou d'autres avantages matériels). En revanche, lorsque nous jalousons spirituellement quelqu'un, c'est sur notre vie spirituelle que se portent les répercussions négatives. En particulier, et c'est là l'un des effets spirituels les plus néfastes de la jalousie, notre progression spirituelle est freinée. C'est ce qui est illustré dans l'exemple d'Abel et de Caïn. Caïn jalouse son frère parce que son offrande a été acceptée par Dieu. Mais en éliminant Abel, il s'empêche lui-même d'atteindre l'objet désiré, à savoir justement, l'agrément divin.

Dans mon cheminement spirituel, j'ai constaté combien il est devenu vital pour moi d'entretenir une relation avec Dieu à travers une communication directe avec Lui, en Lui livrant mon cœur, que ce soit à travers des prières à des moments précis de la journée, tels des rendez-vous fixés à l'avance, ou bien par des élans plus spontanés. Bien que j'aie assez clairement conscience d'un grand nombre des bienfaits que je retire d'une telle relation, ces derniers temps, j'avais moins envie de me confier à Lui. Je me disais qu'après tout, cette intimité était devenue une seconde nature, et que ce n'était plus nécessaire d'accorder autant de temps à mes « entretiens ». Cela a duré ainsi quelques semaines jusqu'à ce que je prenne conscience que j'étais en train de me duper : toujours en veille pour remettre en question mon comportement, j'ai compris que mon absence de motivation était concomitante à un sentiment de jalousie qui s'était clairement éveillé et développé envers une personne que j'avais été amené à mieux connaître récemment. J'estimais, sans oser me l'avouer, qu'elle avait été « gâtée » par Dieu pour avoir reçu des dispositions spirituelles – sa compréhension des questions spirituelles notamment et ses progrès dans sa pratique spirituelle, c'est-à-dire dans la lutte contre ses propres défauts – qui me semblaient supérieures aux miennes. Si je « parlais moins à Dieu », contrairement à ce que je croyais, c'était en fait parce qu'inconsciemment, je Lui reprochais les « égards » dont Il faisait preuve vis-à-vis de cette personne. Bref, je Le boudais. Du fait de ma jalousie, dont je Le rendais responsable, je L'avais négligé et m'étais de moi-même éloigné de Lui.

Considérer les avantages à ne pas être jaloux

Une autre source de motivation, *a contrario*, consiste à prendre conscience du bien-être et du soulagement qu'engendre la maîtrise de la jalousie : au lieu d'être une source de haine et de désespoir, les autres deviennent une source de joie et de bonheur, car chaque réussite dont on se réjouit devient un peu la sienne.

Imaginons un Salieri devenu l'ami de Mozart, un Salieri qui soit parvenu à remercier Dieu de lui avoir fait entendre Sa voix à travers la musique de Mozart et qui aurait tout fait pour favoriser sa diffusion. De cette manière, il aurait servi son prochain, Mozart, et tous ceux qui auraient profité de sa musique. Il aurait rendu service à lui-même, puisqu'il aurait gagné l'amitié d'Amadeus, et que l'éclat de son génie aurait rejailli sur lui pour la postérité.

Regarder la laideur du défaut

Il est beaucoup plus facile de lutter contre un défaut que l'on déteste que contre un trait de caractère dont on s'accommode très bien. Apprendre à détester le défaut n'est pas très difficile et s'avère très efficace pour se motiver. Pour cela, on peut se remémorer tous les coups bas portés à nos jalousés, on peut regarder en face la couleur hideuse des sensations que l'on ressent quand on jalouse, sentir l'odeur fétide de nos pensées malveillantes, regarder la petitesse de nos idées mesquines. Mais cela demande bien évidemment de prendre conscience de son défaut et de savoir observer ses pensées et ses sentiments. Avant d'en arriver là, on peut s'aider en se regardant dans le miroir des autres : il est toujours plus facile de voir un défaut chez les autres que chez soi. On peut donc commencer par observer la laideur de la jalousie en la constatant chez les autres. Le but de l'exercice, cependant, n'est pas de s'arrêter là. Il ne s'agit pas de critiquer les autres mais de faire retour sur soi en passant par le miroir des autres.

L'autosuggestion

On voit bien à quel point le travail sur la jalousie est d'abord une entreprise d'autosuggestion : il s'agit de se convaincre intérieurement en luttant contre les arguments et les faux-fuyants du soi impérieux. Nous avons testé certaines formes que peut prendre cette autosuggestion, mais il est bien évident qu'il y en a quasiment autant de variétés qu'il y a de personnes et de types de jalousie.

Regarder tout ce que l'on a soi-même

Au lieu de focaliser son attention et son énergie sur les autres, on peut tenter de se concentrer sur soi, sur ce que l'on a et qu'éventuellement les autres n'ont pas : possessions matérielles, dons, qualité de vie (temps, parents, conjoint, enfants, cadre de vie), qualités morales.

> Pendant une période, j'ai été plutôt déprimée, maussade, je me sentais nulle... jusqu'au jour où j'en ai éprouvé une certaine honte. J'ai alors essayé de remonter à la source de cette tristesse, ce qui m'a permis de réaliser que j'étais affectée par un tas de choses extérieures à moi : untel a telle qualité morale, tel autre a une famille unie, etc., autant de biens qui constituent à mes yeux de véritables idéaux. J'ai découvert que ce sentiment d'infériorité, de nullité, était une forme de jalousie et d'ingratitude envers mon sort et j'ai donc choisi de fermer les yeux sur autrui et de tourner le regard sur mon propre jardin. Au début, j'y ai vu peu de choses, mais plus j'ai continué dans cette démarche, plus j'y ai vu de choses, à commencer la certitude que tout ce qui m'arrive a un sens. Ce travail a eu pour effet de me dégoûter de ces regards envieux sur ce que les autres ont et que je n'ai pas. Je le ressentais pour la première fois comme une sorte d'inquisition dans la vie privée d'autrui. Ce que je veux dire, c'est qu'en voyant tout ce que la vie m'avait donné, j'ai compris qu'on n'avait pas assez de temps pour réaliser à quel point on était comblé, continuellement, et que porter son regard envieux sur les autres devenait comme une sorte de vol à l'arraché.

Il est évident que pour cela, il faut avoir un minimum de réussite. L'idée étant de se demander :

est-ce que vraiment j'échangerais ma place contre celle de l'autre ? Car à l'origine de la jalousie, il y a une bonne dose d'illusion : j'imagine que l'autre a une meilleure situation que moi parce que je n'en vois pas forcément les revers, j'imagine qu'il est plus heureux que moi alors que je ne sais même pas quel goût ont pour lui les choses qu'il possède ou bien j'imagine que telle situation dans laquelle je me projette me rendra heureux, ce qui n'est pas nécessairement le cas.

L'un de mes amis a connu une promotion sociale soudaine qui a fait que, régulièrement, j'entendais parler de lui dans les journaux et même à la télévision. Chaque fois que j'en avais l'occasion, je ne manquais pas de glisser dans les conversations le fait que je le connaissais très bien. C'en était parfois presque comme si c'était grâce à moi qu'il avait eu une telle réussite. Si dès le départ j'avais conscience que c'était une manière d'épater les autres, ce n'est qu'en m'observant plus attentivement que j'ai constaté combien cette forme de frime était en fait une manière (totalement factice) de marquer une forme de supériorité sur eux, d'attirer sur moi l'attention que les gens portaient à mon ami et de participer aux honneurs qu'il recevait, honneurs que je jalousais. Un jour, cet ami m'appelle au téléphone. Il avait besoin de me parler car il se sentait mal dans sa peau. Il me raconte alors que sa vie est devenue difficile car il déteste cet étalage médiatique à son sujet, ne supporte pas les effets contraignants et artificiels qu'il engendre dans ses relations à autrui et ne sait pas comment y faire face. Je m'aperçois en l'écoutant que toute médaille a son revers : étant comme mon ami d'une nature assez réservée et sensible aux bonheurs simples de la vie, je me faisais une idée totalement fausse des satisfactions que pouvaient m'apporter de tels honneurs et je me suis convaincu qu'il serait préférable pour moi de ne jamais les connaître.

Réflexion sur les valeurs

Un autre aspect du travail sur la pensée consiste à s'interroger sur la valeur de ce que l'on jalouse. Il se peut qu'en travaillant sur le détachement, on arrive à calmer sa jalousie. Cela est surtout valable dans les cas où l'on est jaloux de choses très matérielles telles que la fortune, la beauté, la réussite sociale, etc. Si, par un travail d'autosuggestion, on arrive à se persuader que ces choses sont par essence éphémères, cela permet de faire retomber la jalousie comme un soufflé, car son absurdité se fait alors criante. Cela ne veut pas dire que l'on dévalorise ce que les autres ont, mais seulement que l'on relativise l'objet de son désir. Il arrive d'ailleurs que les circonstances de la vie se chargent de nous montrer la futilité de certains de nos désirs :

> L'un de mes amis s'est acheté une belle voiture. Regardez comme la jalousie, aussi infime soit-elle, rend idiot ! Dans ma vie de tous les jours, je ne m'intéresse pas aux voitures, l'automobile est pour moi le cadet de mes soucis. Mais à cette occasion je me suis dit : « Pourquoi est-ce qu'il a une belle voiture, et pas moi ? » Quand j'ai réussi à me défaire de cette idée parasite, quelques jours après, un autre ami m'a appelé pour me dire que je pouvais disposer quand je le voulais de sa voiture (la même marque que celle du premier ami) qui reste la plupart du temps au garage. Depuis,

j'utilise cette voiture régulièrement, et franchement, c'est agréable, mais bon, je ne suis pas en extase chaque fois que je la prends, et souvent, je préfère prendre le métro. En réalité, à chaque fois que j'ai lutté contre une jalousie matérielle, j'ai reçu par une voie détournée ce que je souhaitais obtenir. Et chaque fois, j'ai vu que cela ne procurait pas le plaisir sur lequel on fantasme tant.

Méditation sur la justice et le mérite

Comme cela est apparu déjà plusieurs fois, la jalousie est souvent liée à un sentiment d'injustice. Pourquoi lui et pas moi ? Un bon moyen de la maîtriser consiste donc à se dire que tout ce que l'autre a, il l'a mérité. S'il a quelque chose que je n'ai pas, s'il est quelqu'un que je ne suis pas, c'est parce qu'il a fait quelque chose pour cela. Parfois, ce peut être une chose que je n'ai pas eue moi-même le courage ou l'envie de réaliser. Et même si j'ai encore l'impression d'être plus méritant (car parfois le mérite n'est pas visible), qui me dit qu'être à la place de l'autre serait propice à mon épanouissement matériel et spirituel ? Si, de plus, on a une foi sincère en un Dieu juste et bon, comment peut-on croire que ce même Dieu nous ait privés de ce que l'on aurait mérité ou de ce qui nous serait nécessaire, utile ou profitable ?

Ce qu'il faut comprendre, c'est que celui que je jalouse ne me prend rien à moi, mais il ne fait que prendre ce qui lui revient de droit. Mozart n'a pas volé son don musical à Salieri, ni Abel l'agrément divin à Caïn. Leur situation avantageuse n'est en réalité qu'un effet de la justice et de la bonté divines. Ainsi, au lieu de se concentrer sur « ce que l'autre a et que je n'ai pas », pourquoi ne pas plutôt reconnaître et admirer cette justice qui fait qu'aucun droit ne se perd ? Ceux des autres, bien sûr, mais également les miens.

Pour illustrer notre situation dans ce monde, on peut se comparer à des coureurs de 200 mètres. Dans cette situation, chacun avance et ne peut avancer que sur son propre couloir. Par conséquent, si quelqu'un obtient quelque chose, il ne m'enlève rien : il ne fait que prendre ce qui se trouve sur son propre couloir. Ce n'est donc pas en nourrissant de mauvais sentiments à son égard, ni en l'empêchant d'en bénéficier que je peux l'obtenir pour moi. Car 1) rien ne me dit qu'une telle chose se trouve également sur mon propre couloir et 2) même si c'est le cas, afin de l'obtenir, il faut que je fasse les efforts nécessaires. Ainsi, au lieu de regarder ce qu'il y a dans le couloir du voisin, et de l'empêcher d'en jouir, regardons plutôt ce qu'il y a dans notre propre couloir.

Notons au passage qu'un coureur de 200 mètres, s'il est concentré sur son couloir et renonce à la tentation de faire un croche-pied à son voisin, est stimulé dans sa course par la présence d'autres coureurs à ses côtés. On ne bat pas le record du monde en courant tout seul. Le fait que les autres courent vite agit comme un stimulant et pousse à donner le meilleur de soi-même.

Au début de ma carrière, mon patron avait fait appel à l'un de mes collègues pour qu'il m'aide à faire un petit travail que j'avais l'habitude de faire seul. Au début, j'étais furieux. Je n'ai rien dit, pour ne pas casser mon image, mais pendant une journée entière je fus incapable de rien faire, tenté

76

de tout laisser tomber. En me raisonnant, j'ai compris qu'en continuant ainsi, j'avais toutes les chances de perdre rapidement mon travail et j'ai commencé à jouer le jeu. Les deux mois qui suivirent furent extraordinaires. Je me levais le matin aux aurores, stimulé par le désir d'être le premier au boulot, je rentrais le soir plus tard qu'à l'ordinaire, car nous avions pris l'habitude de faire un point chaque soir pour préparer le travail du lendemain. L'ambiance était exaltante, plus mon émule travaillait, plus j'avais envie de travailler, et en le voyant travailler de près, j'ai appris à reconnaître sa valeur, ce qui a créé une véritable amitié entre nous.

Ces quelques remarques sur l'autosuggestion montrent qu'il ne s'agit nullement d'un exercice mécanique, répétitif et sans vie. Bien au contraire, l'autosuggestion contre la jalousie est un travail de connaissance de soi et par là même un moyen de mieux connaître les autres et leurs mérites. C'est en même temps une méditation et une réflexion sur la vraie valeur des choses.

Agir autrement

AVANT que la jalousie ne nous ait totalement envahis, un bon moyen de la combattre est de faire la chasse aux pensées jalouses.

Chasser la jalousie

Pour mieux comprendre le sens de cette image, on peut comparer le sentiment de jalousie à un moustique. Dès que son bourdonnement se fait entendre, et sans même y penser, on fait un geste brusque de la main pour l'écarter. Et si on le voit sur notre bras prêt à nous piquer, on le chasse aussitôt et parfois on l'écrase d'une main, sans autre forme de procès. Pourquoi ne pas traiter de la même manière toute pensée jalouse qui se présente à nous ? Dès qu'on la sent monter, on peut essayer de chasser ce sentiment par un mouvement brusque de la pensée. C'est une manière de dire non à la jalousie et de l'écarter comme on le ferait de n'importe quel sentiment dont on éprouve l'indignité et les méfaits.

Toute la difficulté de ce travail, on s'en doute, tient au fait que ce sentiment peut se manifester de façon insidieuse et qu'une pensée jalouse se présente souvent sous des formes larvées.

S'abstenir : lutter contre la malveillance

La jalousie, on l'a vu, nous incline à nuire à ceux que l'on jalouse. Dans les actes, la première chose à faire est donc de ne pas céder à la réaction instinctive qui nous pousse à agir avec malveillance. Par exemple, si j'ai envie de médire d'un collègue que je jalouse ou que j'ai l'occasion de lui transmettre une information erronée, je me contrains à n'en rien faire.

Agir : pratiquer la bienveillance

Mais le plus difficile, et certainement le plus efficace, est de se contraindre à faire le contraire de ce à quoi nous incline la jalousie : prodiguer de l'affection et faire preuve de bienveillance envers ceux que l'on jalouse[1]. Cette « tactique de l'antidote » est d'ailleurs, de manière plus générale, une méthode assez efficace de lutte contre les mauvais penchants, même et peut-être d'autant plus

---

[1] C'est ainsi que saint Cyprien conseillait à ceux qu'il cherchait à guérir de l'envie et de la jalousie : « Aimez ceux que vous haïssiez naguère [...] n'ayez pour eux que de la charité. Imitez les bons, si vous le pouvez [...] La charité, en vous unissant à eux, vous fera partager leurs mérites et vous donnera droit à la récompense qui leur est promise. » http://membres.lycos.fr/abbayestbenoit/cyprien/jalousie.htm

qu'elle nécessite une vraie volonté d'agir et de changer.

Ce travail comporte principalement trois axes : vouloir le bien, dire le bien, faire le bien.

Vouloir le bien

Du fond du cœur, on s'efforce de vouloir le bien de ceux que l'on jalouse et de se réjouir de leur situation, succès et progrès. Par exemple, prier pour leur réussite est un excellent exercice. Au départ, il est certain que quelque chose en nous se révolte : « Je le jalouse déjà comme il est, avec sa réussite insolente, et il faudrait en plus que je prie pour qu'il en ait plus ? » Mais à force de persévérance, en s'habituant à se mettre à la place de l'autre (est-ce que j'aimerais que les autres me jalousent ?) ou en se répétant qu'on ne peut faire le contentement divin qu'en transcendant ses penchants négatifs, on y parvient plus facilement. Le résultat de ce genre de travail risque d'être un peu long à venir et il ne faut donc pas oublier les notions de persévérance et de répétition qui sont ici essentielles.

Dire le bien

Au lieu de s'abstenir simplement de dire du mal de ceux que l'on jalouse (première étape), on s'efforce d'en dire du bien, ce qui est légèrement plus difficile. Cela ne signifie pas qu'il faille dire n'importe quoi ou faire de faux compliments, car cela aurait pour effet d'encourager les autres à rétablir la vérité et donc à dire du mal de la personne concernée. Il s'agit plutôt d'opérer une conversion du regard de manière à voir réellement les qualités authentiques de ceux que l'on jalouse.

Une de mes connaissances a connu une très belle réussite : d'abord dans ma société, où il a acquis une bonne position et ensuite dans la nouvelle société qu'il vient de rejoindre où il bénéficie d'un poste exceptionnel. Dès le début, j'ai été vigilant par rapport aux sentiments négatifs que j'ai ressentis à son égard et j'y ai décelé de la jalousie. Je me suis alors efforcé de me réjouir de sa réussite. Il y a eu plusieurs moments difficiles. Au cours d'un déjeuner, des personnes jalouses de ce même collègue ont commencé à en dire du mal plus ou moins directement. Au début, je me suis abstenu de dire quoi que ce soit, puis, prenant mon courage à deux mains, j'ai essayé sincèrement de mettre en valeur les qualités de cette personne et de montrer ses vrais mérites. Cela a complètement changé l'atmosphère du déjeuner, non seulement pour moi, puisque j'ai senti comme un jaillissement d'énergie positive, mais aussi pour les autres, qui ont arrêté le cours de leur médisance. Avec cette tactique, petit à petit, ma jalousie a disparu.

Faire le bien

Il y a dans *Cendrillon*, un épisode où les sœurs de l'héroïne déchirent sa robe par pure jalousie. Et chacun connaît des histoires de jardin d'enfant où tel enfant a déchiré le dessin ou cassé le jouet de tel autre sous l'effet du ressentiment. Ces actions théâtrales peuvent tenir lieu de symbole pour toutes les perfidies plus discrètes que nous sommes, nous adultes qui sourions de ces enfantillages, amenés à commettre lorsque nous sommes jaloux. Comme on l'a vu, le premier pas, c'est de s'abstenir de ce genre de débordement, mais ce qui est beaucoup plus efficace, c'est de faire exactement le contraire de ce vers quoi notre instinct nous pousse.

Depuis notre sortie d'école, j'ai pu constater que la réussite tant professionnelle que familiale de l'un de mes anciens camarades de promo m'irritait singulièrement. Finalement, je me suis dit que je devais certainement le jalouser et j'ai décidé, conscient du caractère mesquin de ce sentiment, de lutter contre en essayant de manifester plus clairement mon amitié à cette personne. L'occasion m'en fut vite donnée, car quelques jours plus tard, il m'appelle pour me demander si je peux l'aider à déménager. Je dois dire que l'offre n'était guère tentante. C'était particulièrement pénible, car il fallait déplacer des meubles très lourds à l'autre bout de la Picardie. Mais après un court moment de réflexion, j'ai accepté de le faire. Ce qui m'a aidé, c'est le fait de savoir que je faisais cela dans une intention éthique, pour lutter contre un sentiment de jalousie, et non simplement pour faire plaisir à cet ami. Car au moment où j'étais pris par la jalousie, c'était précisément ce que j'avais le moins envie de faire.

Dans la vie quotidienne, il s'agit d'aider notre jalousé à réussir ce qu'il entreprend. Cette aide peut revêtir des formes multiples : lui donner un conseil judicieux, lui prêter notre voiture, lui garder ses enfants... Comme le soi impérieux est rusé, il s'interposera très certainement en invoquant des principes en apparence très justes, tels que « il ne faut pas se mêler des affaires des autres », « je dois d'abord penser aux droits de ma famille », « il faut qu'il apprenne à être plus organisé, plus responsable, c'est bon pour lui, etc. ». Autant d'arguments face auxquels il est préférable de faire la sourde oreille.

Une de mes amies avait décidé de partir en voyage avec son mari, et la perspective de les voir s'en aller sans enfants (les grands parents avaient accepté de les garder) dans un endroit où je rêvais moi-même d'aller, m'irritait (« Qu'ont-ils besoin d'aller si loin ? Est-ce raisonnable de laisser des enfants en bas âge ? »). Une semaine avant de partir, mon amie m'appelle un peu triste. Elle vient d'apprendre que ses parents ne pourront pas garder les enfants, car sa mère vient de se casser une jambe. Je sens bien à sa manière de parler qu'elle espère que je lui propose quelque chose, mais en même temps, une force en moi me dit : « Elle n'a qu'à se débrouiller avec ses gosses, après tout quelle idée d'avoir deux enfants quand on ne pense qu'à voyager, et puis, on n'abandonne pas ses enfants comme ça... » Il m'a fallu une journée d'interrogation et de mauvaise conscience avant de lui proposer de garder ses enfants. Je me souviens très bien de la brûlure que j'ai ressentie : « À moi le sale boulot pendant qu'ils vont se faire brunir au soleil. » L'idée de faire quelque chose d'ingrat pour que les autres puissent faire ce dont je rêvais m'était très difficile. Malgré cela, j'ai fait cet effort et le résultat fut formidable : j'ai développé envers ses enfants une affection très particulière, les vacances furent excellentes et surtout, cela a calmé la jalousie que j'éprouvais pour cette amie.

L'utilité principale de ce travail sur les actes, qui n'est certes pas très naturel au début, est de tarir en nous la source d'énergie négative qui empoisonne notre pensée, nos actes et du coup, notre relation à autrui. Comme dans le cas de l'autosuggestion, cela ne se règle pas en une fois. La pratique de la bienveillance peut même, à ses débuts, augmenter le sentiment de déprime et de mal-être qui découle de la jalousie. Au début d'une cure de désintoxication, lorsqu'on est privé de sa dose de poison quotidien, on est encore plus mal qu'auparavant. Mais si l'on persévère, et seulement si l'on persévère, on peut espérer à terme recouvrer la santé.

Et si ce n'était pas la faute du jaloux ?

« C'est le moins qui se puisse exiger d'un être humain : qu'il ne fasse point montre de sa supériorité momentanée sur autrui, car cela ne pourrait que trop aisément offenser et blesser l'un ou l'autre autour de lui » (Alfred Adler, *Connaissance de l'homme*).

Devant certains propos ou attitudes, il semble difficile de ne pas être jaloux. Évidemment la jalousie a son cortège d'effets secondaires qui vont agir à la fois sur nous et sur autrui, avec des conséquences psychologiques, affectives et « énergétiques » concrètes. Donc lutter contre la jalousie s'impose évidemment, même dans les cas où il y a provocation. Mais inversement, il faut savoir que l'on peut attirer sur soi-même les foudres de la jalousie, par la vantardise, par le manque de confiance en soi qui se traduit par un besoin de se valoriser, de s'affirmer ou de justifier un choix, un style de vie, une orientation, etc., parfois même un trop plein d'enthousiasme et de joie suffit à lui seul à agacer. Être conscient de ce mécanisme devrait nous encourager à anticiper les réactions et les sentiments d'autrui (la nature humaine étant universelle à certains égards), à être plus mûrs et à avoir plus de recul sur soi-même et sur les situations qui se présentent à nous. Humainement, il y a même un certain tact moral à ne pas attirer le regard des autres sur ce qui pourrait susciter leur jalousie. Bien dosée, cette attitude relève d'une délicatesse et d'une finesse dans ses relations aux autres.

Quelques conditions pour réussir

CE travail sur la jalousie que l'on vient de proposer requiert, pour être mené de la manière la plus efficace possible, que certaines conditions soient respectées. Nous en avons relevé trois, qui ne sont d'ailleurs pas exclusives de la lutte contre la jalousie mais s'avèrent nécessaires et efficaces dans la lutte contre tout défaut moral.

Détecter et reconnaître en soi la jalousie

Quelque chose s'oppose à ce que l'on reconnaisse en soi la jalousie. Il n'est en effet pas facile d'admettre que ce caractère fasse partie de nous, et sans même qu'on en ait conscience, on tente par toutes sortes de ruses et d'arguments fallacieux de se convaincre qu'on n'est pas jaloux. On se dit : « Mais pourquoi serais-je jaloux d'untel ? On ne travaille pas dans le même domaine, c'est vraiment quelqu'un que j'adore. » Ou encore : « Si je dis cela, c'est pour son bien ; d'ailleurs, entre nous, je n'ai vraiment pas de quoi la jalouser, etc. » De manière générale, le mieux est de se rendre sourd aux arguments visant à démontrer qu'on n'est pas jaloux. Car, à supposer même que cela soit vrai, que risque-t-on à développer en soi la bienveillance ?

Pendant plusieurs années, j'ai dû travailler avec un type avec lequel les relations n'ont pas toujours été faciles. Je n'avais rien de particulier à lui reprocher, si ce n'est de petites broutilles sans importance ; d'ailleurs, j'ai tout fait pour que nos relations soient cordiales. Mais au fond de moi, je sentais que les choses n'étaient pas naturelles, qu'un mur de glace me séparait de lui. J'en ai finalement conclu qu'on avait des personnalités trop différentes pour pouvoir partager un réel sentiment d'amitié. Un jour où je réfléchissais sur la gêne qui altérait mes relations avec ce collègue, l'idée que je puisse être jaloux de lui m'est venue brutalement à l'esprit.

Au début, ce fut plutôt difficile à admettre et j'étais tenté de rejeter l'idée comme absurde et sans fondement. Mais au prix d'un certain effort sur moi-même, j'ai quand même accepté l'idée que je devais le jalouser sur un point : il progressait à pas de géant dans le domaine professionnel assez pointu auquel j'accordais beaucoup d'importance.

Mais une fois admise la possibilité que l'on soit effectivement jaloux, il reste encore à détecter concrètement en soi cette jalousie. Or cette tâche n'est pas toujours aisée car, comme nous l'avons vu plus haut, ce défaut se manifeste souvent de façon insidieuse. Une méthode simple de détection de la jalousie est proposée page 89. Nous en donnons ici un exemple.

Je parlais avec la secrétaire de mon supérieur d'un problème qui avait eu lieu le jour même : une réunion importante avait été annulée parce que l'un de mes collègues (l'animateur de cette réunion) avait oublié de venir. Tout le monde s'était déplacé pour rien. Elle m'a dit qu'elle en informerait la hiérarchie. Le lendemain, j'ai à nouveau vu la secrétaire qui m'a dit que le directeur avait ri en entendant l'histoire et qu'il ne trouvait pas cela dramatique du tout. Après cette discussion, j'étais triste, un peu déprimée. J'ai remarqué cet état, mais sans en comprendre la raison. Comme je sais que ce sentiment peut être le symptôme d'une manifestation du soi impérieux, j'ai décidé de faire une petite introspection pour y voir plus clair. Un dialogue intérieur s'est engagé :

– Pourquoi suis-je triste ?

– Je ne sais pas du tout.

– Depuis quand le suis-je ?

– Depuis que je suis sortie du bureau de la secrétaire.

– Il n'y avait qu'elle dans le bureau donc cette tristesse fait suite à la discussion avec elle.

– Qu'a-t-elle dit qui a pu me rendre triste ?

– Rien, elle m'a juste raconté ce qu'avait dit le directeur. En plus elle, elle était gaie, elle souriait. Je ne vois pas.

– S'il n'y a pas eu d'autre événement à part cette discussion, c'est donc cette discussion qui m'a rendue comme ça. Qu'a-t-elle dit déjà exactement ?

– Que le directeur avait ri, qu'il n'avait pas trouvé l'incident grave.

– Donc si c'est ça qui m'a rendu triste, ça signifie que j'aurais aimé qu'il trouve ça grave.

À ce moment-là, j'ai inspecté mon for intérieur en faisant un effort de sincérité et j'ai soudainement pris conscience qu'effectivement, j'aurais aimé qu'il trouve cela grave. J'ai alors également découvert que je souhaitais que mon collègue se fasse sermonner par le directeur.

– Pourquoi voulais-je nuire à mon collègue ?

– Je ne sais pas.

– Est-ce que j'ai des raisons de lui en vouloir ?

– Aucune.

– Est-ce que ce ne serait pas de la jalousie qui serait à l'origine de ma malveillance ?

À ce moment-là, ses privilèges me sont amèrement revenus à l'esprit. J'ai découvert que j'étais jalouse de lui. Je n'aurais jamais imaginé l'être. Pour m'en assurer, j'ai cherché d'autres cas où des symptômes de jalousie se seraient manifestés dans le passé. Effectivement, je me souviens de plusieurs faits passés :

– je remarque toujours ce qu'il n'arrive pas à faire et ce qu'il fait mal (alors que c'est quelqu'un qui est réputé pour être très compétent dans son travail) ;

– récemment, j'ai médit plusieurs fois de lui en prétextant que j'étais dans mon droit ;

– un jour, il m'avait raconté qu'il avait du mal à se concentrer dans son travail et au lieu de le plaindre intérieurement, j'avais eu un petit contentement au fond du cœur ;

– la semaine dernière, il m'avait raconté qu'il avait pu voir une personne qui nous est très chère. J'ai ressenti un pincement au cœur.

J'ai maintenant la preuve que je suis jalouse de lui puisque je présente toutes sortes de symptômes de jalousie.

Le moyen le plus efficace pour la prise de conscience consiste donc à se prouver de façon irréfutable que l'on est effectivement jaloux de cette personne. Pour cela, il suffit de se démontrer que l'on présente le signe pathognomonique de cette maladie : souffrir du bonheur de la personne et se réjouir de son malheur.

Persévérer

« Seule la pratique répétée, persévérée, d'un principe éthique permet de le fixer dans notre substance spirituelle et d'en faire une habitude, une seconde nature[1]. » Ce n'est donc pas en se forçant une seule fois à rendre service à une personne que l'on jalouse, ou en s'empêchant une seule fois de médire d'elle que l'on pourra vaincre ce sentiment. Mais c'est en s'y contraignant de manière répétée, et ce, quels que soient les obstacles. Comme dans toute thérapie, le changement ne se fait pas du jour au lendemain, il est progressif et peut passer par des phases de rechutes et de récidives. C'est ce qui explique qu'en matière de travail sur soi, la patience et la persévérance sont des qualités essentielles.

J'avais une amie que j'aimais bien, mais à chaque fois qu'elle m'invitait dans sa maison de campagne, j'étais déprimée. En réfléchissant sur la question, je me suis rendu compte que j'étais jalouse de ce qu'elle possédait. J'ai donc décidé d'accomplir des actes de bienveillance à son égard pour lutter contre ce sentiment. Mais je fus très surprise de voir qu'au début, ma jalousie ne fit que redoubler. Cependant, persuadée que la méthode de bienveillance était une bonne méthode, j'ai persévéré pendant un an, sans tenir compte de mes

---

[1] B. Elahi, *Médecine de l'âme, op. cit.*, p. 41

protestations intérieures. Et maintenant, je crois pouvoir dire que toute trace de jalousie envers elle a disparu et que je l'aime plus qu'avant.

On le voit, un danger serait de se laisser abattre par l'adversité et de perdre espoir, voire de douter de l'efficacité de la méthode de la bienveillance alors qu'au contraire, il est nécessaire de ne jamais la perdre de vue et d'y croire.

L'intention spirituelle

Un point que l'on retrouve de manière récurrente dans la pensée d'Ostad Elahi est qu'il n'est pas possible de vaincre un défaut sans l'aide de l'énergie divine. Cette énergie nous procure à la fois la motivation nécessaire pour mener la lutte contre ce défaut ainsi que l'énergie indispensable à une maîtrise durable, voire définitive. Sans elle, nous n'obtenons dans le travail sur soi qu'un résultat éphémère et déséquilibré. Et pour attirer cette énergie, une condition *sine qua non* est d'agir de manière désintéressée ou plus précisément, dans ce qu'Ostad Elahi appelle « l'intention du contentement divin ». Dans le cas de la jalousie, cela signifie qu'il faut combattre la jalousie non pas pour plaire aux autres ou en tirer un avantage matériel quelconque, mais par devoir humain et parce que nous savons que c'est la seule façon de transmuer notre substance pour lui donner la couleur de la substance divine. On recherche en quelque sorte à faire ce qui plaît à Dieu.

C'est d'ailleurs cette intention qui distingue la pratique de la bienveillance ou « bienveillance forcée » de l'hypocrisie. Il y a hypocrisie quand on feint la bienveillance pour plaire à autrui dans le but de lui nuire ou d'en tirer des avantages matériels, mais qu'au fond, on se moque de la bienveillance... et d'autrui. Or, dans le cas de la bienveillance forcée, on veut sincèrement développer en soi cette qualité. En agissant ainsi, on ne trompe donc pas l'autre sur ses intentions, on est sincère avec lui, puisque c'est sincèrement que l'on se contraint à lui faire du bien et que l'on essaie de voir ses qualités pour mieux l'aimer.

Un antidote de choc

Enfin, lorsque l'on se sent soudainement submergé par une bouffée de jalousie, il est possible de la contrer avec une bouffée d'énergie divine. En s'adressant avec émotion et brûlure du cœur à la Source divine, on peut capter cette énergie bienfaisante, sorte de baume divin qui neutralise aussitôt les effets néfastes de la jalousie. Ce moyen, s'il ne dispense pas du traitement anti-jalousie à long terme, constitue un bon recours en cas de « crise ».

C'était au cours d'un séminaire à l'université. Une personne, que le professeur (pour lequel j'ai beaucoup d'admiration) a souvent sollicitée pour venir parler, est venue nous entretenir de diverses choses. En la voyant s'adresser à nous, j'ai brusquement ressenti à son égard un terrible sentiment de jalousie, si fort et si impérieux, que cela devenait insupportable et insurmontable. J'ajoute que cette personne est un ami. J'étais complètement affolée et ne pouvais dominer ce sentiment. J'étais horrifiée de ce que je ressentais.

Alors je me suis adressée intérieurement à Dieu. Je lui ai dit : « Tu vois ce qui se passe en moi : je suis en train de suffoquer de jalousie envers cette personne, qui en plus est mon ami. Je ne peux rien faire moi-même, je lutte et rien n'y fait, je n'y arrive pas. Je ne domine plus rien. Toi qui vois le fond de mon cœur, s'il Te plaît, aide-moi à m'en sortir et à enlever cette horreur que j'ai en moi ! »

À peine avais-je formulé cette supplique intérieure, que la jalousie s'est envolée, je me suis sentie débarrassée comme par enchantement de ce sentiment terrible, en un instant, mon cœur est devenu clair comme de l'eau, j'étais libre, comme si rien ne s'était passé et j'ai pu enfin entendre ce qui se disait autour de moi. Puis mon cœur a été si plein de gratitude envers Lui, que j'en ai eu les larmes aux yeux. C'était comme une mise en scène, l'horreur et puis soudain, le bonheur. J'ai vu ce miracle se passer en moi, et là, j'ai vraiment « vu » comment, lorsqu'on Lui demande son aide, Il nous enlève nos sentiments horribles, comment Il peut tout, comment Il nous soulage, combien Il nous aide, de quelle manière Il veille sur nous et quelle est Sa bonté !

Méthode de détection de la jalousie

COMMENT prendre conscience qu'on est jaloux d'une personne si on n'a jamais observé de manifestation évidente de ce défaut vis-à-vis de cette personne ? Voici une petite méthode simple pour détecter en soi ce défaut :

Partir d'un signe général de la maladie et l'analyser attentivement

Un signe général est un signe qui n'est pas propre à une maladie (exemple : fièvre, asthénie, amaigrissement) mais qui peut constituer un signe « d'alerte » (si on a de la fièvre, on se dit qu'on est probablement malade et cela amène à consulter).

Pour la jalousie, les signes généraux peuvent être le mécontentement, l'agacement, un pincement de cœur... Ces signes ne sont pas propres à la jalousie, mais ils doivent nous alerter : comme ils sont très souvent des signes de manifestation du soi impérieux, il est toujours instructif de chercher à en connaître l'origine.

Par conséquent, dès que l'on ressent une tristesse par exemple, **dont l'origine est floue**, il est intéressant de prendre un moment de recul, de se munir d'une loupe intérieure et d'en rechercher la cause :

1. Observer attentivement en soi le signe général pour en déterminer la nature exacte

Bien observer son cœur pour déterminer par exemple s'il s'agit d'une tristesse comme on le pense ou alors d'un mécontentement ou d'une insatisfaction.

2. Faire une « enquête » pour déterminer précisément l'événement à l'origine du signe

Se poser des questions du genre : « Depuis quand exactement je ressens cette tristesse ? depuis quel événement ou quelle parole ? Quelle est la personne en cause ? »

On fait « parler » le soi impérieux : on s'oblige à remonter à l'événement ou à la parole précise à l'origine du signe. Cela permet de se prouver à soi-même que c'est par exemple telle phrase de telle personne qui a provoqué en nous ce sentiment.

3. Chercher la cause exacte de la manifestation du signe

Une fois que l'on sait cela, se poser la question : « Pourquoi cette phrase m'a-t-elle attristé ? Qu'est-ce qui m'a déplu au fond, derrière cette phrase ? Qu'est-ce qui en moi a été touché ? ou qu'est-ce que j'aurais souhaité ? »

On recherche la cause réelle, la cause cachée de la tristesse. Cela demande un effort de sincérité particulier. Mais comme le soi impérieux est en partie démasqué (on sait très bien que c'est par exemple telle phrase de telle personne qui a provoqué en nous ce sentiment), cet effort est facilité.

Faire un diagnostic provisoire

Par exemple :

❖ si la cause de ma tristesse est l'acquisition d'un bien ou l'obtention d'un avantage ou la réussite d'une personne, cela signifie de toute évidence que je souffre de son bonheur, ce qui est un signe de la jalousie ;

❖ si la cause de mon mécontentement est le fait qu'une personne a évité un ennui ou un malheur, cela signifie de toute évidence que je lui souhaite du mal, ce qui est aussi un signe (non spécifique) de la jalousie, etc.

À ce stade, on peut donc effectivement penser que c'est la jalousie qui est à l'origine du signe général d'« alerte ». Maintenant, il faut démontrer de façon définitive et irréfutable que nous sommes bien jaloux de cette personne.

Faire un diagnostic définitif

Pour cela, il est nécessaire de réaliser des « examens complémentaires » : rechercher dans le passé des cas où d'autres signes de la jalousie, et surtout son signe pathognomonique, se sont manifestés.

1. Rechercher d'autres symptômes manifestés dans le passé

❖ être maladivement curieux de la personne ;

❖ rechercher le moindre de ses défauts et nier ses qualités ;

❖ avoir une attitude froide et distante ;

❖ avoir un comportement plus manifestement hostile (rabaisser la personne, lui envoyer des piques, rappeler ses échecs, la diminuer aux yeux des autres...) ;

❖ nuire à la personne : médisances, calomnies, rétentions d'informations, bâtons dans les roues, transgressions du droit de la personne, etc.

2. Rechercher le signe pathognomonique

Celui de la jalousie est le fait de souffrir du bonheur des autres et de se réjouir de leur malheur.

Lorsqu'on part d'un signe général (tristesse, agacement, déprime...) et qu'on l'analyse, on aboutit souvent au diagnostic provisoire suivant : je souffre de son bonheur. Il suffit alors de trouver un cas où, dans le passé, on s'est réjoui de son malheur pour démontrer de façon irréfutable qu'on est jaloux de cette personne.

La recherche d'autres cas où on a souffert de son bonheur et où on s'est réjoui de son malheur permettra de se convaincre de manière de plus en plus claire et certaine que l'on est effectivement jaloux de cette personne.

Programme pratique
pour vaincre la jalousie

UNE fois la thérapeutique mise au point, le meilleur moyen pour la tester et se transformer positivement est de l'appliquer. Dans ce qui suit, nous vous proposons une série d'exercices ayant pour objectif de vous aider à maîtriser la jalousie.

Notez que dans ce travail, il s'agit de devenir votre propre médecin, c'est-à-dire de détecter en vous l'origine, les manifestations, les conditions d'émergence d'un défaut de votre soi et d'arriver vous-même à le maîtriser, par une pratique quotidienne, requérant attention et détermination.

Pour vous aider dans cette pratique, nous vous proposons de tenir un journal de bord, un peu à la manière d'un scientifique suivant jour après jour l'évolution de l'état de santé de son sujet d'étude, à cette différence près que l'étude portera sur vous-même, sur votre esprit. En prenant soin de noter quotidiennement vos observations, de retranscrire vos expériences et impressions, vous disposerez ainsi d'un outil précieux pour progresser dans la connaissance de vous-même.

Détection de la jalousie
et meilleure connaissance de son défaut

Exercice

Chaque jour pendant au minimum deux minutes, réfléchissez aux personnes et situations qui suscitent ou ont suscité dans le passé votre jalousie. Tenez un carnet de bord sur lequel vous inscrirez les personnes, les raisons qui font que vous les jalousez, les symptômes qui vous ont permis de détecter la jalousie.

Pour détecter la jalousie, vous pourrez :

❖ soit partir de signes généraux de la jalousie que vous observez (tristesse, agacement, déprime, pincement de cœur...) ;

❖ soit vous vous posez les questions suivantes : « Y a-t-il dans mon entourage une personne dont j'ai particulièrement tendance à médire, ou à l'égard de laquelle j'entretiens des pensées négatives ? Si oui, n'y aurait-il pas derrière un sentiment de jalousie ? »

Autosuggestion

Exercice 1

Chaque jour pendant au minimum deux minutes : concentrez-vous sur ce que vous avez et que les autres n'ont pas.

Exercice 2

Chaque jour pendant au minimum deux minutes : essayez de détecter dans la réussite de la personne que vous jalousez un effet de son mérite.

Exercice 3

Chaque jour pendant au minimum deux minutes : raisonnez-vous en relativisant la valeur du bien jalousé.

Travail sur les actes

Exercice 1

Choisissez une personne de votre entourage que vous jalousez et, une fois par jour, priez du fond du cœur pour sa réussite.

Exercice 2

Interdisez-vous toute médisance à l'égard d'une personne que vous jalousez. Notez sur le carnet de bord toutes les fois où vous avez échoué mais aussi toutes les fois où vous avez réussi (système de + ou -), en essayant d'améliorer votre score.

Exercice 3

Choisissez une personne que vous jalousez et n'en parlez aux autres que pour évoquer ses points positifs. Notez sur le carnet les occasions où vous avez réussi, en essayant d'améliorer votre score.

Exercice 4

Chaque jour de la semaine, efforcez-vous de faire du bien à une personne que vous jalousez : lui rendre un service, l'appeler pour prendre de ses nouvelles, lui parler affectueusement, l'inviter à prendre un café (toute action tendant à effectuer un rapprochement et à lui manifester de l'affection).

EN GUISE DE CONCLUSION

CE qui ressort à la fois de cette analyse et des exercices pratiques proposés, c'est que, comme dans toute lutte sur le terrain éthique, la lutte contre la jalousie n'est pas une entreprise isolée : elle implique bien d'autres dimensions éthiques du soi. Comme dans un système de vases communicants, il suffit parfois de se concentrer sur un point particulier et de persévérer pour opérer à la longue, un changement radical et profond de l'ensemble de sa personnalité. Ainsi, un travail sur la jalousie implique de développer la connaissance de soi, la vigilance, l'intention, la relation au divin, la bienveillance dans les pensées, les actes et les paroles et par conséquent d'être mieux avec soi-même, avec les autres et vis-à-vis de la Source divine. Et c'est finalement ce défi qui nous est proposé dans le travail éthique : prendre à bras le corps tous ces défauts petits ou grands qui empoisonnent notre substance, et transformer par touches successives, quotidiennement, sans perdre espoir, le négatif en positif pour devenir chaque jour plus humain, donc plus divin et plus aimant.

MÉMENTO

Connaissance du défaut

Définition

La jalousie désigne le sentiment négatif que l'on ressent lorsque l'on voit quelqu'un bénéficier d'un avantage que l'on ne possède pas ou que l'on souhaiterait être le seul à posséder.

Origine

« La jalousie provient de l'instinct de possession, plus précisément de l'envie, enveloppé d'égoïsme. » Une autre source de la jalousie est l'orgueil.

Le champ d'application de la jalousie

Que jalouse-t-on ?
– Ce qui a de la valeur à nos yeux.
Qui jalouse-t-on ?
– Ceux avec qui on est dans une situation de concurrence.

Les effets

La jalousie nous porte tort d'abord à nous-même, puis, par répercussion, à la personne que l'on jalouse.

- Les effets psychologiques : sentiment (exprimé ou non) de tristesse et d'hostilité face au bonheur de la personne que l'on jalouse. Sentiment de satisfaction face au malheur d'autrui.

- Les effets sur le comportement : attitude froide et distante envers le jalousé. Comportement plus manifestement hostile : on cherche à l'humilier, à le rabaisser (ou à se mettre soi-même en avant). On est poussé à rechercher les moindres défauts du jalousé et à nier ses qualités. À terme, la jalousie peut nous conduire à nuire à ceux que l'on jalouse : médisances, calomnies, agressivité et autres transgressions du droit d'autrui.

- Les effets sur la pensée : la jalousie produit autour du jaloux une sorte d'écran d'ondes négatives, de sorte que les autres l'apprécient moins, et ont même tendance à le fuir.

- Les effets sur l'âme et la relation au divin :
  - ❖ la jalousie *détériore la substance de notre âme* : si on ne lutte pas, on devient de plus en plus jaloux et nos autres défauts caractériels peuvent s'accroître : médisance, ingratitude, malveillance, agressivité... ;
  - ❖ elle *fait barrage à la connaissance de soi et des autres* : elle renforce l'ignorance qu'on a de nos mérites et de nos besoins réels et nous conduit à voir le jalousé en mal ;
  - ❖ elle *peut nous conduire à l'ingratitude spirituelle* : on ne voit plus tout ce qui nous a été donné, on ne voit que ce que le jalousé possède.

THÉRAPEUTIQUE : PENSER AUTREMENT

La motivation

Pour pouvoir entrer et persévérer dans la lutte, il est important de :

❖ *se rappeler les effets négatifs de la jalousie* : le seul fruit de la jalousie est la souffrance et elle m'arrête dans ma progression matérielle et spirituelle ;

❖ *considérer les avantages à ne pas être* jaloux : la maîtrise de la jalousie engendre bien-être et soulagement. Les réussites des autres sont pour moi une source de joie ;

❖ *regarder la laideur du défaut* pour apprendre à le détester et ainsi faciliter ma lutte.

L'autosuggestion

Il s'agit de changer sa façon de penser, de se convaincre intérieurement que la jalousie est absurde, en prenant petit à petit conscience de la réalité des choses :

❖ *regarder tout ce que l'on a soi-même* : « Est-ce que j'échangerais ma place contre la sienne ? »

❖ *réfléchir sur les valeurs* : « Quelle est la valeur réelle de l'objet de mon désir ? »

❖ *méditer sur la justice et le mérite* : déraciner notre sentiment d'injustice en se rappelant régulièrement que la justice divine est absolue et qu'elle s'exerce déjà pleinement en ce monde. «Comment puis-je croire que Dieu, qui est Juste et Bon, m'ait privé de ce que j'aurais mérité ou de ce qui me serait nécessaire ? »

THÉRAPEUTIQUE : AGIR AUTREMENT

Aller à l'encontre de nos pensées jalouses

●*Chasser les pensées jalouses* : dès qu'on prend conscience de ses pensées jalouses, on peut les stopper par la force de la volonté, pour se préserver de leurs méfaits.

●*S'abstenir* : lutter contre la malveillance.

●*Agir* : pratiquer la bienveillance. Le plus efficace est de se contraindre à faire le contraire de ce à quoi nous incline la jalousie :

❖ *vouloir le bien* : du fond du cœur, s'efforcer de vouloir le bien de ceux que l'on jalouse et de se réjouir de leur situation. Par exemple, prier pour leur réussite ;

❖ *dire le bien* : s'efforcer de voir leurs qualités et de dire du bien d'eux ;

❖ *faire le bien* : faire exactement le contraire de ce vers quoi notre jalousie nous pousse, c'est-à-dire l'aider, lui rendre service, etc., en faisant la sourde oreille aux arguments du soi impérieux.

- La détection et la reconnaissance en soi de la jalousie : le moyen le plus efficace est de rechercher en soi le signe pathognomonique de la jalousie.
- La persévérance : « Seule la pratique répétée, persévérée, d'un principe éthique permet de le fixer dans notre substance spirituelle et d'en faire une habitude, une seconde nature. »
- L'intention spirituelle : sans l'aide de l'énergie divine, on ne peut lutter efficacement contre un défaut. Le résultat est éphémère et déséquilibré. Pour capter cette énergie, il faut faire ce travail de lutte dans l'intention du contentement divin et non pour en tirer un quelconque avantage matériel.
- Un antidote de choc : en cas de crise, s'adresser à Dieu en toute sincérité.

LECTURES

ARISTOTE, *Rhétorique*, livre II, chap. X et XI, trad. de C.-E. Ruelle, Paris, Le livre de poche, 1991.

ALBERONI Francesco, *Les Envieux*, Paris, Press Pocket, 1997.

ANDRÉ Christophe et LELORD François, *La Force des émotions*, Paris, Odile Jacob, poche, 2003.

BEN-ZE'EV Aaron, article « Envie et jalousie », dans le *Dictionnaire d'éthique et de philosophie morale*, sous la dir. de Monique Canto-Sperber, Paris, PUF, 1996.

COLLECTIF, *L'Envie et le Désir, les faux frères*, Paris, Autrement, 2000.

ELAHI Bahram, *Médecine de l'âme*, Paris, Dervy, 2000.

ELAHI Bahram, *La Voie de la perfection*, Paris, Albin Michel, 2002.

LACHAUD Denise, *Jalousies*, Paris, Hachette littérature, coll. « Pluriel », 2000.

TOULEMONDE Jean, *Les Inquiets*, Paris, Payot, coll. « Petite bibliothèque Payot, 2002.

654047 - Mai 2016
Achevé d'imprimer par

Made in the USA
Middletown, DE
23 July 2019